RUHR-UNIVERSITÄT BOCHUM

Fakultät für Elektrotechnik und Informationstechnik

Ein farb- und kontextbasierter Ansatz zur Objekterkennung

DISSERTATION

zur
Erlangung des Grades
Doktor-Ingenieurin
an der Fakultät
für Elektrotechnik und Informationstechnik
der Ruhr-Universität Bochum

vorgelegt von
GESA LORENZ
Witten

Bochum 2000

Dissertation eingereicht:	30. August 2000
Referent:	Prof. Dr.-Ing. W. von Seelen
Koreferent:	Prof. Dr.-Ing. H. Ermert
Tag der mündlichen Prüfung:	09. November 2000

Gesa Lorenz

EIN FARB- UND KONTEXTBASIERTER ANSATZ ZUR OBJEKTERKENNUNG

ibidem-Verlag
Stuttgart

Die Deutsche Bibliothek - CIP-Einheitsaufnahme:

Ein Titeldatensatz für diese Publikation ist bei
Der Deutschen Bibliothek erhältlich

∞

Gedruckt auf alterungsbeständigem, säurefreien Papier
Printed on acid-free paper

ISBN: 978-3-89821-101-7

Printed in Germany

Vorwort des Herausgebers

Interdisziplinarität in der Wissenschaft ist zwar in aller Munde, aber mit vielen Schwierigkeiten belastet. Eines dieser Probleme betrifft die Publikationen, deren Erscheinungsort wesentlich durch das Studienfach der Autoren bestimmt wird. Dies gilt im besonderen Maße für Dissertationen.

Das Institut für Neuroinformatik der Ruhr-Universität Bochum will zur Verbesserung dieser Situation beitragen und faßt die Dissertationen eines Fachgebietes in dieser Reihe zusammen. Dankenswerterweise hat sich der ***ibidem***-Verlag bereitgefunden, diese Aufgabe publizistisch zu betreuen.

Das Fachgebiet betrifft die "Konzepte neuronaler Informationsverarbeitung". Dieser Bereich befindet sich in einer dynamischen Entwicklung und ist auf die Kooperation von Ingenieuren, Physikern, Mathematikern, Informatikern und Biologen angewiesen. Gemeinsames Ziel ist der Entwurf von Kontrollsystemen, die für diese Aufgabe Prinzipien biologischer Informationsverarbeitung für technische Aufgaben zu 'übersetzen' versuchen. Der biologische Bezug ist durch Hirnforschung und Evolution gegeben. Der Grundgedanke, der dieses Gebiet treibt, ist eine einfache Feststellung: Beim Entwurf von Systemen führt deren steigende Komplexität, ihre Nichtlinearität, die erforderliche Flexibilität und der Zwang, in natürlichen Umwelten zu operieren, zu massiven Schwierigkeiten.

Andererseits sind neuronale Systeme der existierende Beweis der Lösbarkeit dieser Probleme. Es ist somit naheliegend, Prinzipien zu übertragen, die zum Beispiel schrittweise die häufig kaum lösbare explizite Kodierung durch Methoden der 'Selbstorganisation' und des Lernens ersetzen. Neuronale Netze waren ein erster erfolgreicher Schritt. Es ist zu erwarten, daß weiterreichende Entwicklungen, die eine biologische Basis haben, möglich sind.

Diesem Sachgebiet für Dissertationen ein Forum zu schaffen ist das Ziel dieser Reihe.

Bochum, im Oktober 2000

Prof. Dr. Werner von Seelen
Institut für Neuroinformatik
Lehrstuhl für Theoretische Biologie

Danksagung

Die vorliegende Arbeit entstand während meiner Tätigkeit als wissenschaftliche Mitarbeiterin am Institut für Neuroinformatik der Ruhr-Universität Bochum.

Herr Prof. Dr. Werner von Seelen gab mir die Möglichkeit, die Arbeit unter seiner Betreuung durchzuführen. Der von ihm gewährte Rückhalt bei fachlichen und organisatorischen Fragen hat mir die Arbeit am Institut in vielerlei Hinsicht erleichtert.

Herr Prof. Dr. Helmut Ermert hat trotz vielfältiger anderweitiger Verpflichtungen spontan und unkompliziert das Koreferat dieser Arbeit übernommen.

Die Mitarbeiter des Instituts für Neuroinformatik und speziell meine Kollegen aus der Arbeitsgruppe *Computer Vision* bzw. *Mustererkennung und Szenenanalyse* haben sowohl durch fachliche Kompetenz und Diskussionsbereitschaft als auch durch das freundliche Arbeitsklima wesentlich zum Gelingen dieser Arbeit beigetragen.

Bei meiner Familie und Freunden habe ich stets Rückhalt, Unterstützung und den notwendigen Ausgleich gefunden.

Ihnen allen sei an dieser Stelle herzlich gedankt.

Witten, im Dezember 2000 GESA LORENZ

Inhaltsverzeichnis

Kapitel 1

Einleitung

Technische Systeme werden häufig mit dem Ziel entwickelt, den Menschen bei seinen Tätigkeiten zu unterstützen und zu entlasten. Sie übernehmen dabei zunehmend Aufgaben, die eine Auswertung von Informationen über die natürliche, sich ändernde Umwelt erfordern. Viele problemrelevante Aspekte der Umwelt sind visueller Natur. Daher werden derartige Systeme oftmals mit bildgebenden Sensoren ausgestattet. Der Bildverarbeitung kommt dann die Aufgabe zu, die entsprechenden Sensorsignale aufgabenbezogen auszuwerten. Ihr Anspruch orientiert sich dabei zunehmend an der Leistungsfähigkeit der visuellen Wahrnehmung des Menschen.

Eine Aufgabenstellung, die das menschliche visuelle Wahrnehmungssystem zumeist ohne Probleme löst, ist die Szenenanalyse. Werden komplexe Szenen in natürlichen Umwelten betrachtet, so erweist sich diese Aufgabe für technische Systeme aufgrund der hohen Variabilität der vorliegenden Randbedingungen als sehr anspruchsvoll. Der Bedeutungsgehalt einer Szene bestimmt sich in wesentlichen Teilen aus der Art und Lage der in ihr enthaltenen Objekte. Ein integraler Bestandteil der Szenenanalyse ist somit die Objekterkennung.

Die Objekterkennung definiert sich dadurch, bekannte Objekte in der Szene wiederzufinden. Zur Lösung dieser Aufgabe kann Modellwissen und Kontextwissen genutzt werden. Klassische Verfahren zur Objekterkennung nutzen modellbasierte Ansätze. Die Modelle liegen dabei in Form von Merkmalkonfigurationen vor, die charakteristische Objekteigenschaften wie beispielsweise ihre Farbe oder Form kodieren. Die Aufgabe des Erkennungsprozesses besteht darin, eine ähnliche Kombination von Merkmalen in der Merkmalrepräsentation des aktuell zu untersuchenden Bildes wiederzufinden. Um die Robustheit der Verfahren auch unter variablen Randbedingungen sicherzustellen, ist es erforderlich, sowohl die Sensorik als auch die Auswertung der entsprechenden Sensorsignale ständig zu verbessern. Im Rahmen dieser Arbeit wird ein neuer Ansatz zur Objekterkennung entwickelt, der diesen Anforderungen in zweierlei Hinsicht Rechnung trägt. Zum einen wird durch den Einsatz hochwertiger Sensorik in Form einer Farbkamera der Informationsgehalt der entsprechenden Sensorsignale gegenüber herkömmlichen monochromatischen CCD-Kameras erhöht und durch die erhöhte Dimensionalität des Datenraums die Separierbarkeit der Daten verbessert. Zum anderen wird zur Auswertung der

Daten ein Ansatz vorgeschlagen, der das Konzept modellbasierter Ansätze um die Integration von Kontextwissen erweitert. Dieses wird im folgenden als Wissen über topologische Beziehungen zwischen Objekten definiert.

Zur Einordnung der Arbeit wird in Kapitel 2 zunächst eine Einführung in den aktuellen Stand der Objekterkennung mit visuellen Sensoren gegeben. Diese umfaßt sowohl Applikationsfelder als auch methodische und konzeptionelle Aspekte der Objekterkennung. Schwerpunktmäßig werden dabei kontextbasierte Ansätze als Erweiterung modellbasierter Ansätze diskutiert.

Kapitel 3 faßt die Grundlagen der Farbbildverarbeitung im Hinblick auf die in dieser Arbeit genutzten Aspekte kompakt zusammen. Das Thema Farbe ist ein komplexes Gebiet, das verschiedene Wissenschaftsdisziplinen, wie Physik, Physiologie und Psychologie berührt. Anhand der Darstellung physikalischer und biologischer Prinzipien der Farbverarbeitung werden die technische Farbverarbeitung und hier insbesondere unterschiedliche Formen der technischen Farbbeschreibung motiviert. Die in dieser Arbeit genutzten Farbräume werden ausführlich beschrieben.

In den Kapiteln 4 und 5 wird das im Rahmen dieser Arbeit entwickelte Objekterkennungssystem vorgestellt. Es besteht aus einer initialen Segmentierung, die eine Gliederung des Bildes in visuell homogene Regionen leistet, und einer Klassifikation, welche den generierten Regionen Bedeutungsklassen zuordnet.

Die initiale Segmentierung wird über eine Cluster-Analyse der Farbdaten realisiert. Zu diesem Zweck werden erstmals selbstorganisierende neuronale Netze eingesetzt. Von zentraler Bedeutung für die Qualität der Segmentierungsergebnisse erweist sich die verwendete Datenrepräsentation sowie das verwendete Abstandsmaß. Aus diesem Grund werden umfangreiche Vergleiche unterschiedlicher Repräsentationsformen von Farbsignalen auf Grundlage der in Kapitel 3 vorgestellten Farbräume durchgeführt. Darauf aufbauend werden Vorschläge erarbeitet, die zur weiteren Verbesserung der Segmentierungsgüte eine Erweiterung des rein farbbasierten Ansatzes um ortsbasierte Komponenten vornehmen. Die Praxisrelevanz dieser Verfahrenserweiterungen wird anhand der Segmentierungsergebnisse komplexer realer Bilddaten erfolgreich demonstriert. Anhand der Anforderungen der nachfolgenden Verarbeitungsstufen wird ein Ansatz als besonders geeignet identifiziert.

Das Klassifikationsverfahren ordnet den von der initialen Segmentierung generierten Regionen auf Basis von Farbinformation und Kontextwissen Bedeutungsklassen zu. In der vorliegenden Arbeit wird insbesondere der Beitrag, den die Integration des Kontextwissens in den Klassifikationsprozeß liefert, untersucht. Es wird ein Ansatz entwickelt und analysiert, der die Klassifikationsaufgabe als Optimierungsproblem formuliert und somit die Klassifikation von Objekten in die Detektion des globalen Minimums einer Energiefunktion überführt. Das Kapitel 5 behandelt schwerpunktmäßig die Herleitung einer geeigneten Energiefunktion. Zur Lösung der Optimierungsaufgabe wird ein evolutionärer Algorithmus eingesetzt, der durch die Definition spezieller aufgabenangepaßter Operatoren die Formulierung einer problemangepaßten Suchstrategie ermöglicht. Die prinzipielle Tragfähigkeit des entwickelten Klassifikationsverfahrens wird anhand synthetischer Bilder gezeigt. Deutliche Verbesserungen der Klassifikationsergebnisse belegen sowohl für synthetische Bilddaten als auch für reale Bilder komplexer Szenen den Nutzen, den die Einkopplung von Kontextwissen liefert.

Die Arbeit ist eingebettet in die Entwicklung von Komponenten für Fahrerassistenzsysteme am Institut für Neuroinformatik der Ruhr-Universität Bochum. Die Leistungsfähigkeit des entwickelten Objekterkennungssystems, bestehend aus einer initialen Bildsegmentierung im Farbraum und der darauf aufbauenden kontextbasierten Objektklassifikation, wird aus diesem Grund anhand von Beispielbildern aus dem Gebiet des Straßenverkehrs demonstriert.

Die Arbeit schließt mit einer zusammenfassenden Diskussion der erzielten Ergebnisse und einem Ausblick auf weiterführende Arbeiten.

Kapitel 2

Objekterkennung mit visuellen Sensoren

Visuelle Sensoren stellen ein zweidimensionales Abbild der auf drei Raumdimensionen beruhenden physikalischen Umwelt nachfolgenden Verfahren zur Bildanalyse zur Verfügung. Diese werten das Bildsignal im Kontext einer speziellen Aufgabenstellung aus. In technischen Systemen, die autonom in der natürlichen Umwelt agieren sollen (z. B. innerhalb der Robotik oder in der Fahrzeugführung), wird die Aufgabe durch das zu realisierende Verhalten bestimmt.

Eine wesentliche Bedeutung innerhalb der Bildanalyse kommt der Objekterkennung zu. Mit dem Begriff Objekterkennung wird die Aufgabe bezeichnet, aus dem Bild einer Szene die in dieser enthaltenen Objekte nach ihrer Art und Position zu bestimmen. Der Objektbegriff ist dabei aufgaben- bzw. verhaltensabhängig zu spezifizieren. In der vorliegenden Arbeit werden alle Bestandteile einer Szene als Objekte angesehen, so daß das Bild der Szene eine flächendeckende Anordnung von Objekten repräsentiert.

Im Bereich der Bildverarbeitung herrscht eine breite Übereinkunft, daß die Aufgabe der Objekterkennung in ihrer Allgemeinheit, d. h. für beliebige Szenen in einer natürlichen Umwelt, in naher und mittlerer Zukunft nicht zu lösen ist. Allerdings existieren sehr effiziente Lösungen für den Fall, daß die Komplexität der Aufgabenstellung durch klar strukturierte Randbedingungen eingeschränkt werden kann. Insbesondere im Bereich der industriellen Fertigung, in dem sowohl kontrollierbare Umweltbedingungen (z. B. Beleuchtungsverhältnisse) als auch hinsichtlich ihrer Art, Anzahl und Erscheinungsform vollständig spezifizierbare Objekte vorliegen, haben sich zahlreiche Bildanalyseverfahren etabliert. Beispiele hierfür sind die Qualitätskontrolle oder die bildbasierte Steuerung von Handlungsabläufen bei Fertigungsrobotern [4, 12, 58].

Neben industriellen Applikationen im Bereich der Fertigung finden Bildanalyseverfahren zunehmend auch in Alltagssituationen Einsatz. Hier ist beispielsweise die elektronische Zugangskontrolle zu nennen, die aufgrund der Auswertung eines Kamerabildes entscheidet, ob einer Person eine Zugangsberechtigung erteilt wird [112, 105]. Andere Anwendungsgebiete finden sich im Bereich der Medizintechnik, in dem bildgestützte

Diagnosesysteme (z. B. zur Erkennung von Hautkrebs) den Arzt in seiner Arbeit unterstützen [77]. In naher Zukunft werden Bildanalyseverfahren in der Lage sein, Überwachungsaufgaben zu übernehmen, und so einen menschlichen Beobachter z. B. in den Leitstellen von Bahnhöfen oder Gebäuden zu entlasten [93]. Ein weiteres Anwendungsgebiet, in dem bereits Teillösungen und erste Prototypen existieren, ist das Gebiet der Lösung von Navigationsaufgaben für autonome Fahrzeuge und Roboter. Beispielsweise im Bereich der Fahrzeugnavigation erfolgt eine Bildanalyse mit dem Ziel der Fahrerassistenz unter dem Aspekt der Erhöhung der passiven und aktiven Sicherheit im Straßenverkehr [83, 80, 104].

Neben der Nachbildung menschlicher perzeptueller Fähigkeiten und Aufgaben sind im Zuge der derzeitigen Entwicklung der Informationstechnologie (Multimedia, Internet) gänzlich neue Anwendungsgebiete für den Einsatz von Bildanalyseverfahren entstanden. Durch die Übertragungs- und Speichermöglichkeit sehr großer Datenmengen entsteht die Notwendigkeit einer geeigneten Strukturierung und Repräsentation des Datenmaterials, um dem Anwender eine intuitive und aufgabenangepaßte und damit schnelle und kostengünstige Möglichkeit zur Navigation innerhalb der Datenmenge zur Verfügung zu stellen. Im Fall von Bilddatenbanken stellt sich häufig die Aufgabe einer objektbezogenen oder szenenbezogenen Suche. Eine automatische Objekterkennung ist zu diesem Zweck von Vorteil [66, 70, 106].

Die vielfältigen Einsatzmöglichkeiten automatisierter Bildanalyseverfahren und die zunehmende Variabilität der durch die zu erfassende Umwelt erzeugten Randbedingungen motivieren auch zukünftig die Entwicklung geeigneter Systeme zur Objekterkennung. Der hohe Anspruch der gestellten Aufgabe bedingt dabei den Einsatz hochwertiger Sensorik beispielsweise in Form von CMOS-Kameras, die sich im Vergleich zu herkömmlichen CCD-Kameras durch einen höheren Dynamikbereich auszeichnen, oder von Farbkameras, die die aus dem reinen Helligkeitsbild bestehende Informationsmenge um zwei weitere Informationskanäle erweitern.

Im weiteren Verlauf dieses Kapitels werden Konzepte zur Objekterkennung eingeführt und ausgewählte Ansätze in einem Literaturüberblick vorgestellt. Dabei erfolgt eine Einteilung der aus der Literatur bekannten Verfahren in modellbasierte und kontextbasierte Verfahren. Das Kapitel schließt mit einer Einordnung der vorliegenden Arbeit in die vorgestellten Zusammenhänge.

2.1 Ansätze zur Objekterkennung

Die Aufgabe der Objekterkennung innerhalb eines Systems zur Bildanalyse besteht in der Bestimmung von Art und Position der im Bild einer Szene enthaltenen Objekte. Zwei wesentliche Aspekte, die zur Lösung der Erkennungsaufgabe genutzt werden, sind Modelle und Kontextbeziehungen. Erfolgt eine Objekterkennung allein auf der Grundlage von Objektmodellen, so spricht man von modellbasierter Objekterkennung, werden dagegen zusätzlich Kontextbeziehungen verwendet, so erhält man Verfahren zur kontextbasierten Objekterkennung.

Modellbasierte Ansätze konzentrieren sich auf die Erkennung einzelner Objekte. Pro Objektklasse liegt eine Modellbeschreibung vor und der Erkennungsprozeß erfolgt durch eine Zuordnung der Modell- zu den Bilddaten. Sind mehrere Objekte im Bild vorhanden, so erfolgt ihre Erkennung unabhängig voneinander, d. h. die Erkennung eines Objektes hat keinen Einfluß auf die Erkennung eines anderen. Kontextbasierte Ansätze stellen eine Erweiterung der modellbasierten Ansätze dar. Auch sie beschreiben Objekte anhand von Modellen, der Zuordnungsprozeß berücksichtigt darüber hinaus jedoch auch die Relationen der unterschiedlichen Objekte zueinander.

Bevor ausführlich auf kontextbasierte Ansätze eingegangen wird, werden im folgenden Abschnitt mit der Einführung „klassischer" modellbasierter Verfahren zunächst die Grundlagen für weiterführende Ansätze zur Objekterkennung gelegt.

2.1.1 Modellbasierte Objekterkennung

Objekte zeichnen sich durch verschiedene Eigenschaften aus. Beispiele hierfür sind ihre Form, Farbe und Textur, aber auch ihre Konsistenz, ihre Temperatur oder ihre Bewegung. Ein visueller Sensor ermöglicht die Messung[1] einer Teilmenge der für ein Objekt charakteristischen Eigenschaften. Wichtige Attribute sind diesbezüglich seine Helligkeit, Farbe, Textur, Abstand zum Sensor, Bewegung und Form. Zur modellhaften Beschreibung von Objekten wird daher in der Regel eine Beschreibung gewählt, die einzelne oder Kombinationen der Objekteigenschaften enthält. Die hierbei eingesetzten Primitive werden als Merkmale bezeichnet.

Häufig läßt sich die Objekterkennungsaufgabe in zwei Teilprobleme zerlegen. In einem ersten Schritt wird eine Bildstrukturierung durchgeführt, d. h. die für die anschließende Erkennungsaufgabe geeigneten Merkmale werden aus dem vorhandenen Bildmaterial extrahiert. In einem zweiten Schritt erfolgt auf Basis der gewählten Bildstrukturierung die Modellzuordnung oder Klassifikation. Die Qualität der Bildstrukturierung hat einen entscheidenden Einfluß auf die Erkennungsleistung des Systems. Die Suche nach einer geeigneten, d. h. aufgabenangepaßten Kodierung des Bildmaterials stellt daher eine wesentliche Aufgabe innerhalb der Objekterkennung dar.

Objekte heben sich vom Hintergrund durch Konturen ab. Eine Klasse von Operatoren zur Bildstrukturierung ist daher differentieller Art. Die Operatoren extrahieren aus der gesamten Bildinformation signifikante Grauwertsprünge, wie Konturen oder Eckpunkte, und leisten damit eine erhebliche Datenreduktion. Die erzeugten Merkmale bilden die Basis für eine Formbeschreibung von Objekten. Der damit verbundene Verlust an Detailinformation und die Beschränkung auf das Formmerkmal zur Objektbeschreibung schränkt den Einsatzbereich dieser Methoden ein. Viele Objekte, insbesondere in natürlichen Szenen wie beispielsweise Bäume, weisen eine komplexe Grauwertstruktur auf und lassen sich durch eine lokale Sicht auf die Daten, wie sie bei differentiellen Operatoren vorliegt, nicht ausreichend stabil repräsentieren. Desweiteren bleibt der Aspekt der „Fläche" als Objekteigenschaft unberücksichtigt.

[1] Synonym für Messung wird im folgenden auch der Begriff „Beobachtung" verwendet.

Höherwertige Merkmale zur Objektbeschreibung lassen sich auf Basis einer Bildsegmentierung erzielen. Durch eine Segmentierung erfolgt eine Bildaufteilung in Regionen, die hinsichtlich des Segmentierungskriteriums homogen sind und idealerweise mit den Objekten (oder Objektteilen) im Bild korrespondieren. Durch die Zusammenfassung zusammenhängender Bildpunkte zu Regionen wird auch hier eine Datenreduktion geleistet. Weiterhin können Konturen als Berandung der Regionen extrahiert und als Formmerkmal zur Objektbeschreibung verwendet werden. Eine Auswertung der Statistik der die Regionen zusammensetzenden Bildpunkte ermöglicht darüberhinaus die Ermittlung weiterer Merkmale, wie beispielsweise Farbe oder Textur. Da sie Eigenschaften von Regionen beschreiben (im Gegensatz zu Eigenschaften von Bildpunkten), spricht man auch von globalen Merkmalen. Ein insbesondere für die vorliegende Arbeit wesentlicher Aspekt der Bildsegmentierung ist die Möglichkeit, topologische Relationen zwischen einzelnen Regionen zu messen.

Viele Arbeiten im Bereich der modellbasierten Objekterkennung konzentrieren sich auf die Klassifikation einzelner Objekte. Dabei wird eine isolierte Teilmenge von Bildprimitiven einem Objekt aus einer vorgegebenen Objektmenge zugeordnet. Der Zuordnungsprozeß erfolgt durch einen Vergleich der im Bild gemessenen Merkmale mit den als Modell vorliegenden Objektmerkmalen. Umfassende Zusammenstellungen zu dieser Problematik finden sich in [101, 90, 19].

Es existiert eine Vielzahl an Möglichkeiten, den Vergleich von Modell- zu Bildmerkmalen effizient und robust auf der Basis signifikanter lokaler Merkmale durchzuführen. Während des Erkennungsprozesses wird das Bild in eine zum Modell kompatible Form gebracht und es werden Zuordnungen, sogenannte Korrespondenzen zwischen Modell- und Bildmerkmalen etabliert. Variationen der Objektansicht lassen sich durch Transformationen des Modells berücksichtigen. Gesucht ist dann diejenige Transformation, die die meisten Modellmerkmale in räumliche Nähe ähnlicher Bildmerkmale bringt. In klassischen Ansätzen werden daher unterschiedliche Zuordnungen von Modell und Bild getestet. Dies kann aufgrund der Kombinatorik mit erheblichem Aufwand verbunden sein. Daher zielen viele Ansätze darauf ab, den Suchraum für die Schätzung der Transformation einzuschränken [4, 65, 48].

Eine elegante Alternative zur Vermeidung einer expliziten Lösung des Korrespondenzproblems, d. h. der Zuordnung zwischen Modell- und Bildmerkmalen, ist die Formulierung der Aufgabenstellung als Optimierungsproblem. In einer Energiefunktion wird die Korrespondenz von Bild- und Modellmerkmalen derart kodiert, daß die Minimierung der Energiefunktion zur Lösung des Korrespondenzproblems führt [108, 82].

Der Erfolg der vorgestellten Ansätze ist dann begrenzt, wenn die erzeugten Merkmale aufgrund der Komplexität des Bildmaterials nur fehlerhaft und unvollständig bestimmt werden können. So weisen unterschiedliche Objekte in komplexen Szenen oft ähnliche Merkmalkonfigurationen auf und führen so zu Fehldetektionen bei der Objekterkennung. Weiterhin beinhaltet die Art der verwendeten Bildprimitive aufgrund von Vorwissen oft starke Annahmen über die Objekte und ist somit nur zur Repräsentation von Objekten, die diese Annahmen erfüllen, geeignet. Diese Einschränkung stellt aufgrund des Aufgabenbezugs bei der Objekterkennung in vielen Fällen kein Problem dar, schließt jedoch die Erkennung zahlreicher Objekte in natürlichen Umgebungen aus.

Eine Möglichkeit, die Anzahl der detektierbaren Objektklassen zu erhöhen sowie die Qualität der Objekterkennung zu verbessern, ist die Verwendung einer großen Anzahl an Merkmalen zur Beschreibung von Objekten. Viele dieser Merkmale können dabei nur für einige Objekte relevant sein, in ihrer Gesamtheit sind sie jedoch in der Lage, eine große Zahl an Objektklassen geeignet zu beschreiben [90]. In diesem Zusammenhang sind Lernverfahren, die selbständig geeignete Merkmalkonfigurationen lernen, von großem Interesse. Bei der Analyse von Bildsequenzen kann zusätzlich die zeitliche Redundanz ausgenutzt werden, um die Ergebnisse der Objekterkennung zu stabilisieren. Ergänzend bietet sich die Möglichkeit, durch die Integration von Kontextwissen über die relative Lage der Objekte zueinander die Objekterkennung zu stützen. Dieser Ansatz wird im folgenden näher vorgestellt.

2.1.2 Kontextbasierte Objekterkennung

Ein wichtiger Aspekt, der Objekte auszeichnet, ist ihre relative Lage zueinander. So wird ein Telefon mit großer Wahrscheinlichkeit *auf* dem Schreibtisch stehen, der Papierkorb jedoch *darunter*. Das Wissen über die Positionierung einzelner Objekte in der Welt zueinander geht durch die perspektivische Projektion bei der Bildaufnahme teilweise verloren. Durch eine Einschränkung der Freiheitsgrade bei der Wahl der Kameraperspektive kann dieses Wissen – in modifizierter Form – genutzt werden. So ist bei der Betrachtung der Luftaufnahme eines Autobahnszenarios bekannt, daß die vorkommenden Objekte wie beispielsweise Fahrzeuge, Straße und Mittelstreifen i. a. bestimmte geometrische Relationen zueinander haben (Ein Fahrzeug ist *umgeben* von Straße.).

Das Wissen über die relative Lage der Objekte zueinander wird im folgenden als Kontext bezeichnet. Die Integration der Kontextinformation in den Objekterkennungsprozeß stellt eine Ergänzung des rein modellbasierten Ansatzes dar. Sie ermöglicht es, die Qualität der Objekterkennung zu steigern oder alternativ das zur Objektbeschreibung verwendete Modell zu vereinfachen. Ein aufgrund der gemessenen Merkmalkonfiguration nicht eindeutig identifizierbares Objekt kann so als Ergebnis einer erfolgreichen Erkennung seiner benachbarten Objekte identifiziert werden. Noch allgemeiner betrachtet kann ein Objekt allein durch Kombination der gemessenen Merkmale seiner örtlich benachbarten Bildprimitive erkannt werden. Die Formulierung derartiger Ansätze setzt voraus, daß Vorwissen über die betrachtete Szene und insbesondere über die örtlichen Relationen der in der Szene vorkommenden Objekte vorhanden ist. Diese Annahme ist durch den Aufgabenbezug und die Bearbeitung eingeschränkter Szenenklassen häufig gegeben.

Zur Einordnung der in der Literatur zu findenden Ansätze zur Integration von Kontext wird die in Abbildung 2.1 gezeigte Aufteilung vorgenommen. Danach kann Kontext implizit oder explizit formuliert werden. Eng mit der expliziten Formulierung verbunden ist die Verwendung hierarchischer Verfahren. Diese teilen den Objekterkennungsprozeß in mehrere Stufen auf. Dabei kann es sich um Auflösungsstufen (von grob bis detailliert) oder um Signifikanzstufen (Objekte werden aufgrund der Merkmalsignifikanz mit

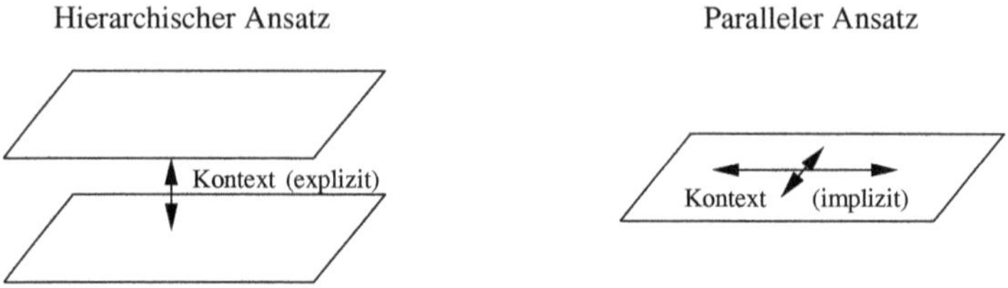

Abbildung 2.1: Einteilung der Verfahren zur Kontextintegration.

einer unterschiedlichen Güte erkannt) handeln. Eine explizite Formulierung von Kontext liegt vor, wenn Beziehungen zwischen Objekten unterschiedlicher Hierarchiestufen aufgestellt werden. Eine implizite Formulierung von Kontext beschreibt hingegen Beziehungen zwischen Objekten innerhalb einer (der einzigen) Hierarchieebene. Da es sich dabei um gegenseitige Wechselwirkungen handelt, welche gleichzeitige und damit parallele Einflüsse aufeinander ausüben, werden Ansätze, die eine implizite Formulierung von Kontext nutzen, auch als parallele Ansätze bezeichnet. Unabhängig von der speziellen Formulierung kann Kontextwissen regelbasiert oder datengetrieben vorliegen. Im folgenden werden einige Beispiele für die unterschiedlichen Verfahrenstypen vorgestellt und abschließend diskutiert.

Hierarchische Ansätze

Zusammenstellungen von Arbeiten, die hierarchische Ansätze zur Integration von Kontextwissen nutzen, finden sich in [81, 9, 85, 14, 15, 106]. Während es sich bei frühen Arbeiten vor allem um sogenannte Expertensysteme handelt, die Vorwissen in Form von Regeln kodieren, ermöglichen steigende Rechnerkapazitäten zunehmend auch ein datengetriebenes Erlernen von Kontextwissen. Im folgenden werden zunächst drei Arbeiten vorgestellt, die Beispiele für die regelbasierte Kodierung von Kontextwissen darstellen. Im Anschluß daran werden datengetriebene Ansätze diskutiert.

NAGAO und MATSUYAMA [81] verwenden einen regelbasierten Ansatz, um verschiedene Objekte wie Weizenfelder, Wald, Straßen, Flüsse, Fahrzeuge oder Gebäude aus Luftbildaufnahmen zu erkennen. In einem iterativen Prozeß wird versucht, einzelne Objekt- bzw. Szenenbestandteile sukzessive zu vollständigen Objektmodellen aufzubauen. Dazu wird das Bild initial segmentiert und die einzelnen Regionen anhand lokal innerhalb der Regionen berechneter Merkmale vorläufig klassifiziert. Nur Regionen, deren Klassifikation zuverlässig erfolgt, werden akzeptiert. Derart klassifizierte Regionen werden in folgenden Schritten als Kontext in Form von Regeln zur Klassifikation der noch unbestimmten Regionen verwendet. Dabei wird die Schwelle, anhand derer Regionen akzeptiert werden, schrittweise gesenkt.

OHTA [85] stellt ein System zur Interpretation von Farbbildern natürlicher Szenen vor. Zur Modellierung der Szene verwendet er ein semantisches Netz, das sowohl Eigenschaften der Objekte als auch ihre Beziehungen zueinander kodiert. Diese Beziehungen können sowohl topologisch als auch hierarchisch organisiert sein. Initial wird das Bild segmentiert. Die einzelnen Regionen werden anhand eines merkmalbasierten Ansatzes klassifiziert. Eine grobe Interpretation (den *plan*) erhält man über einen probabilistischen Relaxationsprozeß großflächiger Regionen, die fallweise mit den sie umgebenden kleineren Regionen zu homogenen kompakten Gesamtregionen verschmolzen werden können. Danach wird mit Hilfe einer Menge heuristischer Regeln versucht, die einzelnen Regionen in einem zweistufigen Verfahren zu klassifizieren. Zunächst wird die grobe Struktur analysiert, danach die feineren Details. Während die Erzeugung des *plans* über einen Optimierungsansatz gesteuert wird, erfolgt die Klassifikation der Regionen heuristisch und kann daher auch nicht optimale Lösungen erzeugen.

Ein sehr elaboriertes Expertensystem (SPAM) wurde 1989 von MCKEOWN ET AL. zur Interpretation von Luftaufnahmen von Flughafenszenarien vorgestellt [76]. In einer vierstufigen Hierarchie wird sukzessive versucht, einzelne Regionen, die aus einer Segmentierung hervorgegangen sind, zu Fragmenten zusammenzufassen, einzelne Fragmente zu sogenannten Funktionalen Gebieten und diese wiederum zu Modellen. Auf jeder Hierarchiestufe ist in Form von Regeln das Wissen über die Objekte, ihre Zusammensetzung und ihre Beziehungen zueinander kodiert. Das Wissen wird dazu genutzt, Fehlsegmentierungen und fehlerhafte Zusammenschlüsse von Regionen zu korrigieren oder auch gezielt nach Objektbestandteilen zu suchen. Das SPAM System umfaßt insgesamt ca. 600, zum Teil voneinander abhängige, Regeln. Schwierigkeiten bei der Erweiterung der Regelbasis machten eine Weiterentwicklung des Systems erforderlich [75]. In der aktuellen Version sind die Regeln in Form von *schemas* gekapselt. Weiterhin wurde das System um die Möglichkeit des interaktiven Lernens erweitert.

Die drei vorgestellten hierarchisch organisierten Expertensysteme kodieren Vorwissen über Objekte und ihre Relationen in Form von Regeln und besitzen damit eine gute Interpretierbarkeit. Die Behandlung komplexer Szenarien sowie eine nicht perfekte Segmentierung des Bildmaterials erfordern die Formulierung einer mächtigen Regelbasis. Dabei müssen Vollständigkeit im Sinne der Aufgabenstellung und Erweiterbarkeit sichergestellt sein. Diese Forderungen machen die Verfahren fehleranfällig oder extrem rechenintensiv. Eine Alternative zu regelbasierten Systemen bilden datengetriebene Lernverfahren. Ein Beispiel hierfür wird im folgenden vorgestellt.

CAMPBELL ET AL. wählen einen zweistufigen hierarchischen Ansatz zur Erkennung aller Objekte einer Straßenverkehrsszene [14, 15, 106]. In beiden Stufen kommt ein neuronales Netz in Form eines Multilayer Perzeptrons als Klassifikator zum Einsatz. Im ersten Schritt wird eine „grobe" bildpunktbasierte Klassifikation in die vier Klassen: Himmel, Vegetation, „Straßenähnlich" und „Andere" durchgeführt. Als Merkmale werden dabei die Farbe und Helligkeit des jeweiligen Bildpunktes sowie die Textur in einer Umgebung verwendet. Im zweiten Schritt wird auf der Grundlage einer Bildsegmentierung eine regionenbasierte Klassifikation durchgeführt. Dazu wird der Merkmalvektor um die Regionenmerkmale Form, Größe und Kontext erweitert. Der Kontext wird dabei aus dem Ergebnis der bildpunktbasierten Klassifikation gewonnen. Er besteht aus einem vierdimensionalen Vektor, dessen Komponenten $v_i, i = 1, \ldots, 4$ ein Maß für die Konfidenz darstellen, daß die Region lokal von Bildpunkten der Klasse *i* umgeben ist. Der Einsatz überwachten Lernens zum Training der verwendeten neuronalen Netze erfordert die Existenz umfangreicher Trainingsdaten. Die Autoren verwenden dazu eine Datenbank, in der die unterschiedlichen Objekte einer Vielzahl an Straßenverkehrsszenen handsegmentiert und -klassifiziert vorliegen.

Die Notwendigkeit der Existenz umfangreicher Trainingsdatensätze schließt in vielen Fällen den Einsatz datengetriebener Ansätze zur Integration von Kontextwissen bei der Objekterkennung aus. Insgesamt ermöglichen hierarchische Ansätze eine gute Problemstrukturierung durch die Einführung unterschiedlicher Auflösungsstufen, in denen eine für die jeweilige Ebene adäquate Formulierung des Kontextwissens gewählt werden kann. Die dem Ansatz implizite starke Interaktion zwischen den einzelnen Auflösungsstufen bedingt jedoch eine in Hierarchierichtung erhöhte Fehleranfälligkeit, da sich Fehler innerhalb einer Ebene auch in den anderen Ebenen auswirken. Dieser Eigenschaft kann durch Rückkopplungen zwischen den einzelnen Hierarchiestufen entgegengewirkt werden, was sich in einer stark erhöhten Komplexität der Verfahren niederschlägt. Eine Alternative zu hierarchischen Ansätzen, die eine explizite Formulierung von Kontextwissen nutzen, bieten die in Abbildung 2.1 angegebenen parallelen Ansätze.

Parallele Ansätze

Parallele Ansätze formulieren Kontextwissen implizit über die Angabe von Beziehungen bzw. Abhängigkeiten von Objekten untereinander. Die gleichzeitige Berücksichtigung dieser Beziehungen wird zur Lösung der Objekterkennungsaufgabe genutzt. Häufig erfolgt eine Problemkodierung als Optimierungsaufgabe. Durch Minimierung einer Energiefunktion wird versucht, eine global optimale Lösung des Objekterkennungsproblems zu erhalten. Die Formulierung der Energiefunktion berücksichtigt sowohl modell- bzw. merkmalbezogene Einflüsse als auch Einflüsse zwischen verschiedenen Objekten und somit Kontext. Beispiele für Optimierungsansätze in unterschiedlichen Anwendungsgebieten finden sich in [8, 26, 79]. Im folgenden werden zwei Verfahren aus dem Bereich der Objekterkennung vorgestellt.

1992 führten MODESTINO und ZHANG [78] erste Untersuchungen zur Kodierung von Kontextwissen innerhalb eines Optimierungsansatzes durch. Ausgangspunkt ihrer Betrachtungen ist eine initiale Bildaufteilung in Regionen. Modellwissen wird über Merkmale einzelner Regionen kodiert, Kontextwissen als Beziehungen zwischen zwei und drei jeweils benachbarten Regionen in Form eines Markovschen Zufallsfeldes. Das Ziel ist, eine global mit dem Vorwissen konsistente Interpretation des Bildes zu erhalten. Zur Minimierung der Energiefunktion wird mit dem *simulated annealing* Algorithmus [55] ein globales Optimierungsverfahren gewählt. Die Relevanz von Kontextwissen und die Tragfähigkeit der gewählten Methode konnte auf synthetischen Szenen und sehr einfachen realen Bildern demonstriert werden.

LI [59] stellt einen Ansatz vor, der das Entwurfsprinzip der Energiefunktion formalisiert und in die Wahrscheinlichkeitstheorie einbettet. Auch er verwendet als Modell ein

Markovsches Zufallsfeld. Eine Problemformulierung erfolgt als Maximierung einer a posteriori Wahrscheinlichkeit unter der Annahme, daß sowohl ein Beobachtungsmodell zur Messung der Merkmale als auch Vorwissen über Merkmal- und Objektrelationen vorliegt. Der Ansatz ist auf unterschiedlichen Ebenen der Bildverarbeitung einsetzbar. Im Bereich der Objekterkennung demonstriert LI die erfolgreiche Erkennung von Haushaltsgegenständen auf der Basis von Tiefenbildern.

Die Formulierung der Objekterkennungsaufgabe als Optimierungsproblem stellt eine elegante Alternative zu regelbasierten und datengetriebenen hierarchischen Ansätzen dar. Sie eröffnet die Möglichkeit, mathematisch gut untersuchte Optimierungswerkzeuge zur Problemlösung einsetzen zu können. Die Schwierigkeit liegt in der Formulierung der Energiefunktion. Die zuvor vorgestellten Ansätze basieren beide auf der Modellierung des Kontextwissens in Form von Markovschen Zufallsfeldern. Sie ermöglichen damit eine statistisch motivierte Ableitung der Energiefunktion und stellen weiterhin einen systematischen Ansatz zur Formulierung des Kontextwissens zur Verfügung.

2.2 Einordnung der Arbeit

Die vielfältigen Anwendungsgebiete, die intelligente Bildverarbeitungssysteme in der modernen Informationsgesellschaft finden, motivieren die intensiven Forschungsarbeiten, die sich gegenwärtig mit der Entwicklung unterschiedlicher Komponenten der Bildverarbeitung beschäftigen. Einen hohen Stellenwert nimmt dabei die automatisierte Auswertung komplexer Szenen in natürlichen Umwelten ein. Ein Bestandteil hiervon ist die Objekterkennung. Aufgrund einer sehr hohen Variabilität der auftretenden Randbedingungen, wie z. B. der Art, Anzahl und Erscheinungsform der Objekte im Bild, variierender Umweltbedingungen oder der Eigendynamik des Beobachters, erweist sich diese Aufgabe als sehr anspruchsvoll.

In dieser Arbeit werden neue Methoden entwickelt und untersucht, die die Aspekte Farbe und Kontext für Aufgabenstellungen der Bildverarbeitung nutzbar machen und in einen Ansatz zur Objekterkennung integrieren. Dazu wird ein System realisiert, das aus einer initialen Segmentierung, die eine Gliederung des Bildes in visuell homogene Regionen leistet, und einer Klassifikation, welche den generierten Regionen Objektklassen zuordnet, besteht. Es basiert auf einer impliziten Formulierung des Kontextwissens und zählt daher zu den im vorherigen Abschnitt vorgestellten parallelen Ansätzen. Der Aufbau des Systems ist in Abbildung 2.2 dargestellt. Ausgehend von den Kamerasignalen, die in Form einer Bildmatrix vorliegen, können so Art und Position der in der Szene vorkommenden Objekte bestimmt werden.

Während das Modul der initialen Segmentierung ausschließlich den Aspekt Farbe nutzt, findet im Klassifikationsmodul eine Fusion von Farbinformation und Kontextwissen statt. Diese Aufteilung ist den perzeptiven Aufgaben von Farbwahrnehmung und Kontextwissen zur biologischen Objekterkennung nachempfunden [33].

Farbe ist eine sehr auffällige und allgegenwärtige Qualität der Umwelt. Sie unterstützt die Fähigkeit, Formen richtig wahrzunehmen und Gegenstände zu unterscheiden und zu

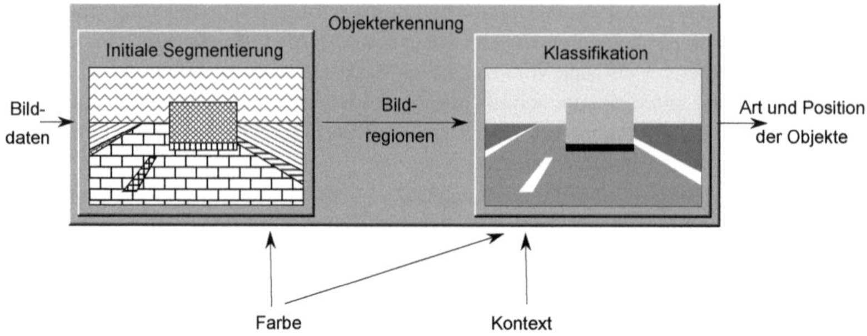

Abbildung 2.2: Gesamtsystem zur Objekterkennung. Im Modul der initialen Segmentierung erfolgt eine Gliederung des Bildes in visuell homogene Regionen. Diese wird schematisch durch unterschiedliche Schraffuren angedeutet. Im Modul der Klassifikation werden den einzelnen Regionen Objektklassen zugeordnet. Die Objektklassen sind im Bild durch unterschiedliche Grauwerte gekennzeichnet.

erkennen. Zwei der wichtigsten Funktionen der Farbwahrnehmung sind die Trennung von Wahrnehmungsfeldern und die Signalgebung [34].

Die Trennung von Wahrnehmungsfeldern wird in der vorliegenden Arbeit als Aufgabe einer initialen Bildsegmentierung formuliert und realisiert. Dabei wird eine Gliederung der betrachteten Szene mit dem Ziel der Disambiguierung der Objekte vorgenommen. Diese Aufgabe ist insbesondere für die Erkennung kleiner Objekte vor einem komplexen Hintergrund oder bei auftretenden Verdeckungen, in denen Teile eines Gegenstandes durch vor ihm liegende Objekte getrennt sind, anspruchsvoll. Dennoch wird sie von den meisten Menschen ohne Probleme gelöst. Die Fähigkeit Farbe zu sehen unterstützt den Erkennungsprozeß dabei stark. Farben liefern zum einen einen erhöhten Kontrast, der die Bestimmung der Grenzen zwischen Objekten ermöglicht und zum anderen Hinweise, daß Objektteile, die aufgrund von Verdeckungen getrennt erscheinen, in Wirklichkeit zusammengehören. Desweiteren verliert der Einfluß von Schatten, Spiegelungen oder ungleichmäßiger Beleuchtung an Bedeutung. So wird ein normal farbsichtiger Mensch einen Gegenstand, der halb im Schatten und halb im Licht liegt, korrekt erkennen, während ein völlig farbenblinder Mensch dagegen aufgrund der durch die Beleuchtung erzeugten Helligkeitskonturen vielleicht zwei Gegenstände wahrnimmt.

Die zweite wichtige Funktion der Farbwahrnehmung ist die Signalgebung. Sie wird technisch in eine Objektklassifikation auf Basis der Farbstatistik umgesetzt. Diese ist als Teilfunktionalität des in Abbildung 2.2 dargestellten Klassifikationsmoduls realisiert. Eine robuste Klassifikation auf Basis von Farbinformation alleine ist nur in Spezialfällen möglich. Beispiele hierfür sind die Erkennung von Hautfarbe oder die Detektion von Verkehrsschildern [37, 94]. Allgemeinere Aufgabenstellungen bedingen die Nutzung zusätzlicher Objekteigenschaften. Im Rahmen dieser Arbeit wird diesbezüglich der Einsatz von Kontextwissen untersucht. Vergleichbar mit biologischen Wahrnehmungssystemen können Disambiguitäten zwischen Objekten durch die Betrachtung der sie umgebenden Umwelt aufgelöst werden. Das Klassifikationsmodul beinhaltet daher eine systematische Fusion von Modellinformation basierend auf der Farbstatistik und Kontextwissen. In Anlehnung an MODESTINO und LI (s. Abschnitt 2.1) wird ein paralleler Ansatz genutzt und die Klassifikationsaufgabe als Optimierungsproblem formuliert.

Die vorliegende Arbeit ist eingebettet in die Entwicklung von Komponenten für Fahrerassistenzsysteme am Institut für Neuroinformatik der Ruhr-Universität Bochum. Die hier bearbeitete Aufgabe wird unabhängig vom konkret zu realisierenden Verhalten festgelegt und besteht in der Erkennung der in der Szene enthaltenen Objekte. Dies sind neben Verkehrsteilnehmern auch Fahrbahnbereiche und -markierungen, Verkehrsschilder, Vegetation, Schatten, o.a. Die vollständige Gliederung der Szene und die Klassifikation ihrer Bestandteile liefert die Grundlage für eine Bildinterpretation im Sinne einer Szenenanalyse. Sie ermöglicht damit die zukünftige Realisierung erweiterter Funktionalitäten von Fahrerassistenzsystemen, wie beispielsweise ein intelligentes Unfallmanagement.

Bevor in den Kapiteln 4 und 5 auf die initiale Segmentierung und die Klassifikation als Bestandteile des Gesamtsystems eingegangen wird, werden im folgenden Kapitel die Grundlagen der Farbbildverarbeitung erläutert.

Kapitel 3

Grundlagen der Farbbildverarbeitung

Farbe ist ein Begriff, der im alltäglichen Gebrauch in vielen verschiedenen Bedeutungen verwendet wird. So spricht man von Farbe als Farbstoff oder Farbpigment, als Substanz zum Malen oder Anstreichen, aber auch als Oberflächeneigenschaft von Objekten, vergleichbar mit Masse oder Volumen. Wissenschaftlich gesehen handelt es sich bei Farbe um eine Wahrnehmung, die auf einem komplizierten physiologischen Prozeß beruht [51, 34, 107, 46, 36, 68]. Sie entsteht durch die hochkomplexe neuronale Verarbeitung eines Musters von Lichtreizen im Auge und Gehirn des Betrachters.

Zur Trennung der unterschiedlichen Aspekte von Farbe werden im folgenden die Begriffe Farbreiz und Farbwahrnehmung eingeführt. Der Farbreiz stellt die physikalische Grundlage der Farbwahrnehmung dar. Er ist als ortsabhängige spektrale Energieverteilung definiert und kann gemessen werden. Die Auswertung des Farbreizes erfolgt über das visuelle System des Betrachters und resultiert in einer Farbwahrnehmung. Die geleistete Zuordnung eines Farbreizes zu einer Farbwahrnehmung ist außerordentlich komplex. So kann beispielsweise ein und derselbe Farbreiz, d. h. dieselbe physikalische Strahlung, unterschiedliche Farbwahrnehmungen auslösen, und andererseits können unterschiedliche Farbreize zur gleichen Farbwahrnehmung führen [51, 107].

Die Ursache hierfür liegt in den Aufgaben begründet, die von der Farbwahrnehmung für die Erfassung relevanter Aspekte unserer Umwelt zu leisten sind. Zwei diesbezüglich sehr wichtige Funktionen der Farbwahrnehmung betreffen das Unterscheiden von Objekten und das Gliedern einer wahrgenommenen Szene durch die Bestimmung der Grenzen von sich evtl. überdeckenden Gegenständen, unabhängig von den vorhandenen Umgebungsbedingungen [34]. Wesentliche Aspekte bei der Verarbeitung der Farbreize durch das visuelle System sind daher zum einen die optimale Erkennung von Farbkontrasten, zum anderen die Stabilisierung der erzeugten Farbwahrnehmungen in Bezug auf variable Umgebungsbedingungen. Diese Anforderungen sind durch die Einführung einer festen Korrelation zwischen Farbreiz und Farbwahrnehmung nicht zu erfüllen.

Die Wahrnehmung von Farbkontrasten sowie die Stabilisierung von Farbwahrnehmungen unabhängig vom physikalischen Reiz führt auf die Fragestellung nach der Repräsentation von Farbe im visuellen System. Welche Prinzipien liegen dieser Repräsentation zugrunde? Ist es möglich, Farbwahrnehmungen in Maßzahlen zu „übersetzen"? Kann eine Metrik gefunden werden, die wahrgenommene Farbkontraste adäquat beschreibt?

In technischen Anwendungen des Farbensehens übernimmt eine Farbkamera mit nachgeschalteten Verfahren zur Bildauswertung Teilaufgaben des menschlichen visuellen Systems. In Analogie zur Biologie stellt sich auch hier die Frage nach geeigneten Repräsentationsformen von Farbe. Die Darstellung des Farbreizes als spektrale Energieverteilung, wie sie von einem Spektrophotometer gemessen werden kann, ist aus rechentechnischen Gründen derzeit nicht handhabbar. Die Voraussetzung einer zur Bildauswertung geeigneten Repräsentation von Farbe ist daher die Abbildung des hochdimensionalen Spektrenraumes in eine niederdimensionale Beschreibungsform und damit die Durchführung einer massiven Datenreduktion. Eine derartige Repräsentation muß weiterhin die Messung und den Vergleich des physikalischen Farbreizes erlauben. Aufgrund seiner hohen Leistungsfähigkeit wird das biologische System als Vorbild für technische Modellierungen von Farbe im Bereich der Bildverarbeitung gewählt.

Dieses Kapitel gibt eine Einführung in das Thema Farbe mit dem Schwerpunkt der Darstellung unterschiedlicher Repräsentationsformen und -metriken von Farbe im Bereich der Bildverarbeitung. Im ersten Abschnitt werden dazu zunächst die physikalische Beschreibungsform des Farbreizes sowie die Entstehung des Farbreizes in Abhängigkeit der im Sichtbereich vorhandenen Objekte und Lichtquellen behandelt. Der folgende Abschnitt gibt einen Überblick über die Farbwahrnehmung des Menschen, was sowohl die Physiologie als auch die Theorien der menschlichen Farbwahrnehmung beinhaltet. Der Schwerpunkt liegt dabei auf der Darstellung der Repräsentationsformen von Farbe auf den unterschiedlichen Stufen des visuellen Systems. Die Konzepte der Farbverarbeitung des Menschen motivieren die Entwicklung unterschiedlicher Farbräume für technische Anwendungen. Eine Auswahl wird in Abschnitt 3.3 vorgestellt, wobei insbesondere die in dieser Arbeit verwendeten Farbräume ausführlich beschrieben werden.

3.1 Physikalische Aspekte

Der physikalische Reiz der Farbwahrnehmung ist das Licht. Dabei handelt es sich um elektromagnetische Strahlung mit Energieanteilen im sichtbaren Bereich des elektromagnetischen Spektrums. Dieser umfaßt etwa den Ausschnitt von 380 nm bis 760 nm und nimmt damit nur einen sehr kleinen Teil des gesamten Spektrums ein (s. Abbildung 3.1). Licht wird durch Angabe seiner spektralen Energieverteilung eindeutig spezifiziert. Das Spektrum des am Auge eintreffenden Lichtes wird von den Eigenschaften der im Sehfeld enthaltenen Objekte sowie von der Beleuchtung bestimmt. Die meisten Objekte in natürlichen Umgebungen sind nicht selbstleuchtend. Sie sind nur sichtbar, weil sie in der Lage sind, Licht externer Beleuchtungsquellen zu reflektieren. Ein kleiner Teil des Lichtes wird direkt an der Oberfläche reflektiert und führt zum Auftreten von Glanzlichtern. Der wesentliche Teil dringt in die Oberfläche ein. Durch Wechselwirkung mit den dort vorhandenen Pigmenten oder Farbstoffen wird ein Teil der Strahlung absorbiert. Dabei ändert sich die Gewichtung der einzelnen Spektralanteile des Lichtes. Man beschreibt

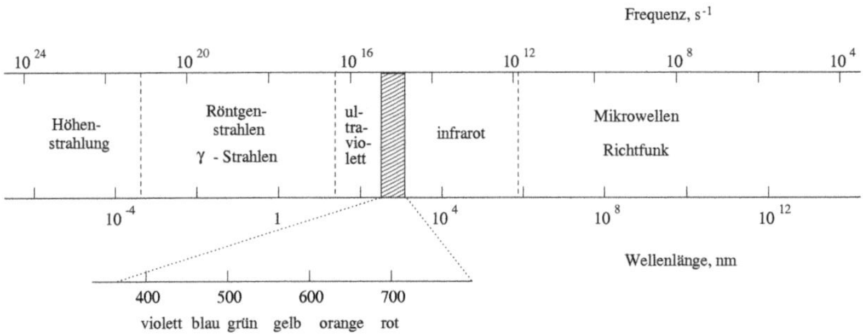

Abbildung 3.1: Ausschnitt aus dem elektromagnetischen Energiespektrum.

dies durch ein Absorptionsspektrum, das mit dem Ausgangsspektrum multipliziert wird, um das Spektrum nach der Absorption zu erhalten. Über das Absorptionsspektrum wird häufig die Farbe von Objekten definiert.

Neben den Absorptionseigenschaften der Objektoberflächen beeinflußt die Beleuchtung die spektrale Zusammensetzung des am Auge eintreffenden Lichtes. Das Spektrum der Beleuchtung kann sich aus allen denkbaren Variationen der sichtbaren Anteile des elektromagnetischen Spektrums zusammensetzen. Fehlen dabei bestimmte Spektralbereiche, so können diese auch nicht reflektiert werden. Aus diesem Grund können Objekte abhängig von der Beleuchtung unterschiedlich aussehen. Die wichtigste natürliche Lichtquelle ist die Sonne. Die spektrale Zusammensetzung des Tageslichtes ist von vielen Faktoren abhängig, so z.B. von der Jahres- und Tageszeit, der Position auf der Erde oder dem Grad der Bewölkung. Nach umfangreichen Messungen wurde von der *Commission Internationale de l'Eclairage* (Internationale Beleuchtungskommission), abgekürzt CIE, ein Standard festgelegt, der der typischen Strahlungsverteilung bei normalem Tageslicht entspricht [2](Abbildung 3.2). Der Name D_{65} deutet auf die korrelierte Farbtemperatur von ungefähr 6500 K hin. Die korrelierte Farbtemperatur gibt an, wie stark ein schwarzer Hohlkörper (mit einer kleinen Öffnung) erhitzt werden muß, um ein gleichaussehendes Licht zu erzeugen. Obwohl sich physikalisch gesehen das Spektrum des am Auge eintreffenden Lichtes aus den Spektren der Beleuchtung und den Absorptionsspektren der Objektoberflächen zusammensetzt, erscheinen Oberflächen mit gleichen Absorptionsspektren unter unterschiedlicher Beleuchtung stets mit etwa derselben Farbe. Diese Leistung des visuellen Systems wird als Farbkonstanz bezeichnet und beruht auf der komplexen neuronalen Verarbeitung innerhalb der Sehbahn, bei der insbesondere auch die örtliche Verteilung der Spektren berücksichtigt wird. Der Aspekt der Farbkonstanz ist zum Wiedererkennen von Objekten innerhalb natürlicher Umwelten unter verschiedenen Beleuchtungsbedingungen außerordentlich wichtig. Die ihm zugrundeliegenden physiologischen Mechanismen und ihre technische Umsetzung werden daher in den Unterabschnitten 3.2.3 und 3.3.2 näher beschrieben.

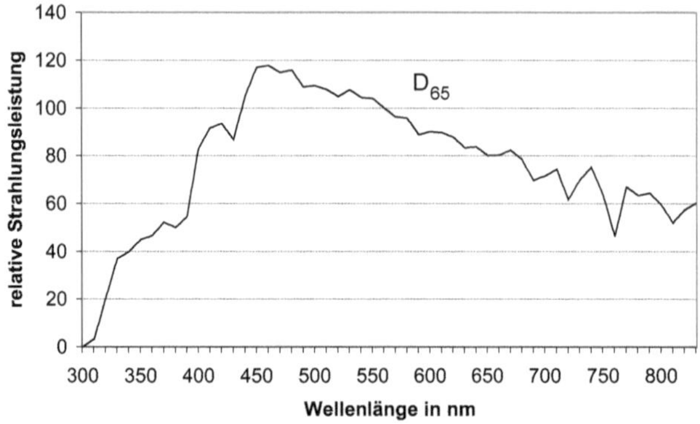

Abbildung 3.2: Strahlungsverteilung des mittleren Tageslichts (CIE Standard Lichtart D_{65}).

Nachdem in dem vorliegenden Abschnitt mit dem Farbreiz die physikalische Komponente des Farbensehens diskutiert wurde, beschäftigt sich der folgende Abschnitt mit der Farbwahrnehmung als biologischem Aspekt. Ziel ist es, aus den Prinzipien der Farbverarbeitung des Menschen Konzepte abzuleiten, die auf technische Anwendungen übertragbar sind und ein tieferes Verständnis der technischen Farbbildverarbeitung ermöglichen.

3.2 Biologische Grundlagen der Farbwahrnehmung

Licht, welches von verschiedenen Objekten emittiert oder reflektiert wird, erreicht das Auge über die Pupille. Das optische System des Auges projiziert ein Bild dieser Objekte auf die Netzhaut (Retina). Dort wird die elektromagnetische Strahlung von Fotorezeptoren in elektro-chemische Signale umgewandelt. Diese werden durch neuronale Strukturen innerhalb der Retina vorverarbeitet und dann zum Gehirn zur weiteren Auswertung weitergeleitet. Unabdingbare Voraussetzung für die Fähigkeit Farbe wahrzunehmen ist das Vorhandensein mehrerer Typen von Fotorezeptoren mit verschiedenen spektralen Empfindlichkeiten. Die endgültige Farbempfindung entsteht durch die komplexe neuronale Verarbeitung der von den Fotorezeptorzellen ausgehenden Signale.

3.2.1 Das Auge als optischer Sensor

Das Auge nimmt zwei Funktionen wahr: zum einen projiziert es ein Bild der Umwelt, zum anderen wird dieses Bild durch lichtempfindliche Rezeptoren abgetastet und zum Gehirn weitergeleitet.

Das optische System des Auges ist ein zusammengesetztes Linsensystem, das auch als dioptrischer Apparat bezeichnet wird [36]. Es projiziert ein umgekehrtes verkleinertes Bild der Umwelt auf die Retina. Eintretende Lichtstrahlen werden an der Hornhaut zur optischen Achse hin gebrochen und anschließend beim Übergang zur vorderen Augenkammer etwas zerstreut. Sie passieren dann die als Blende fungierende Pupille, die von der Regenbogenhaut (Iris) begrenzt wird. Um eine scharfe Abbildung auf der Fovea, der Stelle des deutlichsten Sehens, zu erhalten, werden die Lichtstrahlen an der bikonvexen verformbaren Sammellinse wiederum gebrochen und erreichen schließlich nach Durchlaufen des Glaskörpers die Netzhautauskleidung des Auges, die Retina (Abbildung 3.3). Die Retina ist der lichtempfindliche Teil des Auges. Sie entsteht während der Ontogenese

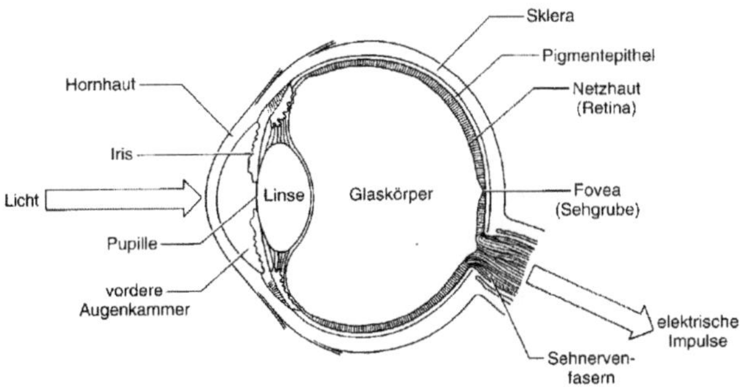

Abbildung 3.3: Schematisierter Horizontalschnitt durch das rechte Auge des Menschen (aus [35]).

aus einer Ausstülpung des Zwischenhirnbodens und ist somit entwicklungsgeschichtlich ein vorgeschobener Teil des Gehirns. Das auf der Netzhaut entworfene Bild trifft auf ein feines Raster lichtempfindlicher Sehrezeptoren, den sogenannten Fotorezeptoren, die durch das Licht erregt werden und das Bild abtasten. Anhand ihrer Form und Funktion unterscheidet man zwei Arten von Fotorezeptoren. Bei geringen Beleuchtungsstärken realisieren die Stäbchen die Wahrnehmung von Hell-Dunkel-Kontrasten (skotopisches Sehen). Sie erreichen mit zunehmenden Beleuchtungsstärken die Sättigungsgrenze. In diesem Bereich arbeiten die Zapfen, die die Wahrnehmung von Farbkontrasten ermöglichen (photopisches Sehen). Insgesamt besteht die Rezeptorschicht des menschlichen Auges aus etwa 120 Millionen Stäbchen und 6 Millionen Zapfen. Die Rezeptordichte ist für die Zapfen in der Mitte der Fovea am höchsten und nimmt mit zunehmender Entfernung von der Fovea centralis schnell ab. Im parafovealen Bereich sind die Stäbchen weit in der Überzahl. Abbildung 3.4 zeigt die Verteilung der Fotorezeptoren in der Netzhaut. Das Farbensehen ist an die Zapfen der Retina gebunden. Sie werden entsprechend ihrer spektralen Empfindlichkeit in L-(long-wavelength-sensitive), M-(middle-wavelength-sensitive) und S-(short-wavelength-sensitive) Zapfen unterteilt. Jeder dieser Zapfentypen beinhaltet ein Fotopig-

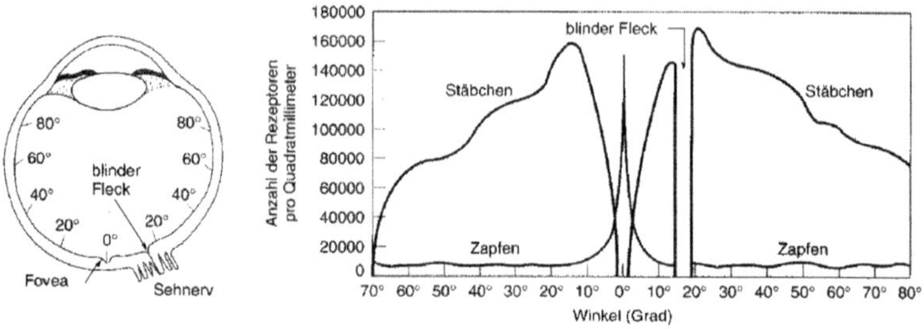

Abbildung 3.4: Verteilung der Zapfen und Stäbchen als Funktion des Winkelabstandes von der Fovea (aus [63]).

ment, welches Licht bestimmter Wellenlängen unterschiedlich stark absorbiert. Mitte der sechziger Jahre gelang es erstmals, die Absorptionsspektren der einzelnen Zapfenpigmente mit Hilfe der Mikrospektrophotometrie zu bestimmen [69, 13]. Abbildung 3.5 zeigt Ergebnisse einer Messung von DARTNALL, BOWMAKER und MOLLON aus dem Jahre 1983 [20]. Während L- und M-Zapfen im Bereich des gesamten sichtbaren Spektrums

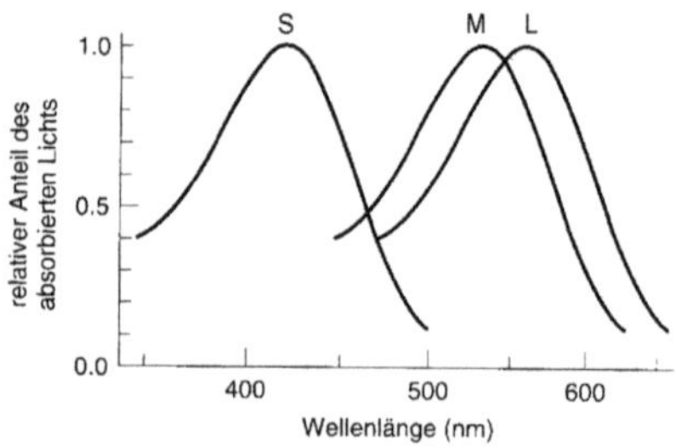

Abbildung 3.5: Absorptionsspektren der drei menschlichen Zapfenpigmente (nach [20]).

empfindlich sind, fällt der Spektralwertkurvenzug der S-Zapfen stark in Richtung langer Wellenlängen ab, so daß die S-Zapfen für große Wellenlängen quasi unempfindlich sind. Die maximalen Empfindlichkeiten der L-, M- und S-Zapfen liegen bei den hier zitierten Messungen jeweils bei 558 nm, 531 nm sowie 419 nm[1].

Nachdem der dioptrische Apparat des Auges ein Bild der Umwelt auf die Retina projiziert hat und die dort vorhandenen Fotorezeptoren über photochemische Prozesse das

[1] Aufgrund ihrer Absorptionsmaxima werden die drei Zapfentypen – etwas ungenau – häufig auch durch die Begriffe „rot“, „grün“ und „blau“ beschrieben.

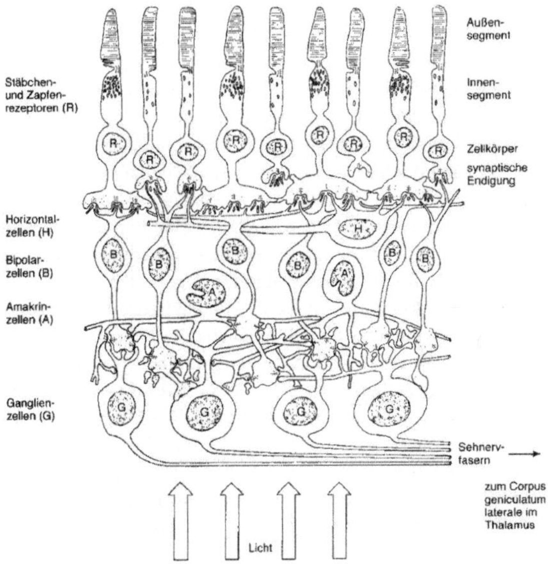

Abbildung 3.6: Schematisierter Querschnitt durch die Primatennetzhaut (aus [22]).

optische Bild in ein Muster von Nervenaktivitäten umgewandelt haben, besteht im folgenden die Aufgabe durch neuronale Verarbeitungsschritte diese „Aktivitätsmuster" in Wahrnehmungen umzusetzen.

3.2.2 Neuronale Informationsverarbeitung

Retinale Verarbeitung

Ein Teil der neuronalen Verarbeitung des Sehreizes findet bereits in der Retina statt. Neben den Fotorezeptoren gibt es dort vier weitere Klassen von Neuronen, die untereinander viele funktionell wichtige Verbindungen eingehen (Abbildung 3.6). Der Informationsfluß von den Rezeptoren zu den Sehnervfasern, die schließlich ins Gehirn projizieren, erfolgt auf zwei Wegen. Innerhalb der direkten Bahn existieren Verbindungen zwischen einem oder mehreren Rezeptoren zu einer Bipolarzelle und zwischen einer oder mehreren Bipolarzellen zu einer Ganglienzelle. Die Anzahl der jeweils verknüpften Rezeptoren und Bipolarzellen ist dabei abhängig von der Position der Zelle auf der Retina. Die indirekte Bahn weist großflächige laterale Verknüpfungen von Rezeptoren durch Horizontalzellen einerseits sowie von weiter entfernten Bipolarzellen durch Amakrinzellen andererseits auf und mündet schließlich ebenfalls in eine Ganglienzelle.

Allen Nervenzellen, die in der Retina vorhanden sind, kann man ein rezeptives Feld (RF) zuordnen. Nach HUBEL [46] beschreibt das RF einer Zelle die Art und Weise wie man eine Region (hier auf der Retina) stimulieren muß, um die Zelle zu erregen. Während die Horizontalzellen einheitlich auf einen Reiz innerhalb ihres rezeptiven Feldes reagieren, ist die Erregung der Bipolar- und Ganglienzellen abhängig von der Verteilung des Reizes innerhalb ihres rezeptiven Feldes. Sowohl Bipolar- als auch Ganglienzelle haben ein zweigeteiltes rezeptives Feld. Es besteht aus einem kreisförmigen Zentrum und seinem ringförmigen Umfeld. Das Zentrum erhält sein Eingangssignal von Neuronen, die auf der direkten Bahn des Informationsflusses liegen, d. h. im Fall von Bipolarzellen aus einer kleinen Rezeptorgruppe, im Fall von Ganglienzellen aus einer kleinen Zahl an benachbarten Bipolarzellen. Das Umfeld geht aus der indirekten Bahn hervor, die im Fall von Bipolarzellen über die Horizontalzellen von einer großen Anzahl an Rezeptoren gespeist wird. Man unterscheidet zwischen ON- und OFF-Zentrum-Neuronen. ON-Zentrum-Neurone reagieren auf eine Belichtung des RF-Zentrums mit einer Zunahme der neuronalen Impulsfrequenz. Die Belichtung des RF-Umfeldes löst wie eine fehlende Beleuchtung im RF-Zentrum eine Hemmung der neuronalen Impulsaktivität aus. Die Erregung ist demnach maximal, wenn nur das RF-Zentrum belichtet wird. Dieser Sachverhalt ist zur Veranschaulichung in Abbildung 3.7 schematisch dargestellt. Die Anzahl

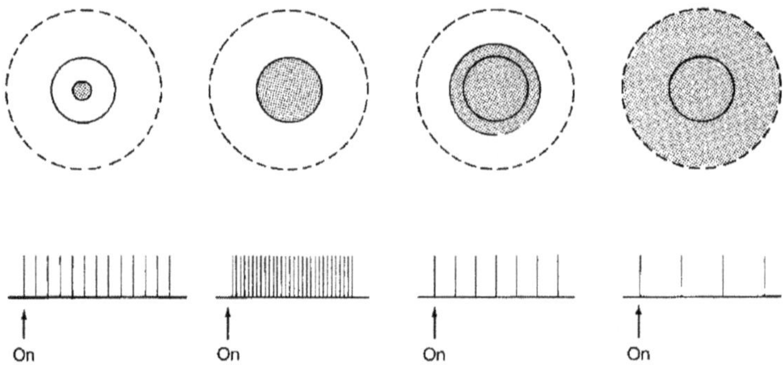

Abbildung 3.7: Antwort eines ON-Zentrum-Neurons. Das rezeptive Feld ist in Zentrum (geschlossene Linie) und Umfeld (gestrichelte Linie) eingeteilt, die grau schattierten Bereiche deuten den mit Licht gereizten Bereich an. Die Reizantworten sind jeweils unter dem rezeptiven Feld dargestellt (nach [47]).

der in der Retina enthaltenen ON- und OFF-Zentrum-Neurone, deren Umfeld belichtet, das Zentrum jedoch unbelichtet sein muß, damit sie mit einer hohen Erregung antworten, ist gleich.

Die Funktion der Amakrinzellen ist noch weitgehend unbekannt. Aufgrund ihrer Verbindungen, welche Bipolarzellen und Ganglienzellen koppeln, wird vermutet, daß sie an der Aufteilung der rezeptiven Felder der Ganglienzellen in Zentrum und Umfeld beteiligt sind. Die Ganglienzellen bilden die letzte retinale Verarbeitungsschicht. Abhängig von ihrer Position auf der Retina ändert sich die Größe ihrer rezeptiven Felder. In der Fovea existiert eine 1:1 Zuordnung von Rezeptoren und Ganglienzellen, das RF-Zentrum entspricht gerade einem Fotorezeptor. Mit zunehmender Exzentrizität vergrößern sich die rezeptiven Felder, viele Rezeptoren konvergieren auf ein RF-Zentrum. Die Axone der Ganglienzellen werden zusammengefaßt und bilden den Sehnerv, der die bearbeiteten Informationen zu den höheren visuellen Zentren überträgt.

Höhere Stufen der Sehbahn

Die Abbildung 3.8 zeigt den Weg, den die Signale nach Verlassen der Retina bis zum Erreichen des visuellen Cortex durchlaufen. Die Sehnervfasern beider Augen ziehen von

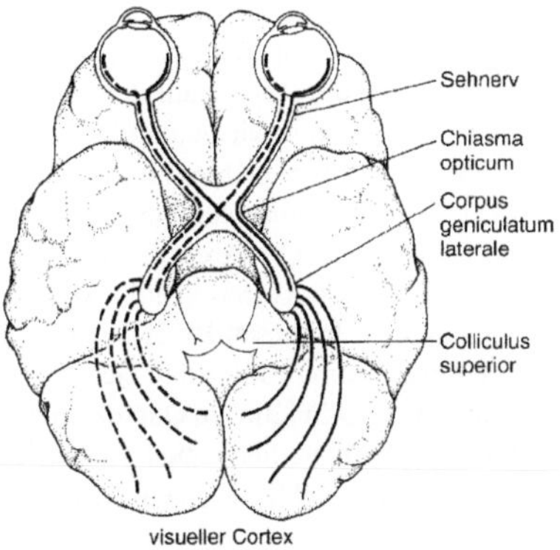

Abbildung 3.8: Schema der Sehbahn im Gehirn des Menschen (nach [35]).

den retinalen Ganglienzellen zum Chiasma opticum und werden dort z. T. gekreuzt. Der mit ca. 80 % überwiegende Anteil der Fasern der beiden linken Netzhauthälften gelangt so zum linken äußeren Kniehöcker (corpus geniculatum laterale oder CGL), der der rechten Netzhauthälften zum rechten Kniehöcker. Über die Aufgabe und Funktion der seitlichen Kniehöcker ist relativ wenig bekannt. Anatomisch gesehen bestehen sie aus je sechs übereinanderliegenden Schichten mit rund 1.5 Millionen Zellen. Jede Schicht erhält Signale von genau einem Auge, die Schichten 2,3 und 5 vom Auge, welches sich auf derselben

Seite des Gehirns befindet, die Schichten 1,4 und 6 vom gegenüberliegenden. Innerhalb der einzelnen Schichten liegt eine topologische, d. h. nachbarschaftserhaltende Repräsentation der Eingangsdaten vor. Die Schichten 1 und 2 unterscheiden sich histologisch wie physiologisch von den übrigen. Aufgrund der Größe ihrer Zellen werden sie als magnozellulär (großzellig), die Schichten 3,4,5 und 6 als parvozellulär (kleinzellig) bezeichnet. Die magno- und parvozellulären Schichten sind für die Wahrnehmung verschiedener visueller Merkmale zuständig, Zellen hoher Farbspezifität findet man vor allem in den parvozellulären Schichten [36]. Obwohl eine komplexe neuronale Verarbeitung im CGL stattfindet, findet man auch hier – ähnlich wie bei den retinalen Ganglienzellen – eine Aufteilung der rezeptiven Felder der Zellen in Zentrum und Umfeld, sowie die Existenz von ON- und OFF-Zentrum-Neuronen.

Fasern aus allen sechs Schichten bilden die Sehstrahlung (Radiatio optica) und übertragen die Zellantworten der Geniculatumzellen in den primären visuellen Cortex (Area V1). Der primäre visuelle Cortex ist eine zwei Millimeter dicke Zellplatte mit einer Fläche von einigen Quadratzentimetern und besteht aus ca. 200 Millionen Zellen. Er wird anhand funktioneller Ordnungsprinzipien wiederum in einzelne oberflächenparallele Zellschichten eingeteilt. Während in der Eingangsschicht Neurone mit einfachen rezeptiven Feldern gefunden werden, die z. T. ähnlich wie die in der Retina und im CGL angeordnet sind, sind die rezeptiven Felder anderer Nervenzellen nach anderen weitaus komplexeren Organisationsprinzipien aufgebaut. HUBEL und WIESEL identifizierten drei Haupttypen von Neuronen und teilten sie nach der Art des Reizes, auf den sie optimal reagieren, in einfache Cortexzellen, komplexe Cortexzellen sowie endinhibierte Cortexzellen ein [46]. Die Information im visuellen Cortex fließt über mehrere unscharf definierte Stufen. Der primäre visuelle Cortex schickt einen Großteil seiner Ausgangssignale zu der benachbarten Cortexregion, dem sekundären visuellen Feld (Area V2), das den primären visuellen Cortex fast vollständig umgibt. Von dort wird wiederum auf andere Areale projiziert, u. a. auf die visuellen Felder V3, V3a und V4. In diesen Bereichen des Cortex existiert nur noch eine sehr grobe topologische Organisation. Dafür läßt sich eine Spezialisierung der neuronalen Signalverarbeitung nach unterschiedlichen Qualitäten des Sehens feststellen [46]. Eine besondere Bedeutung für das Farbensehen haben die Nervenzellen von Area V4.

Ab hier wird das Wissen über die Sehbahn ungenau. Darüber, ob, wo und wie die funktional spezialisierten Bereiche des Cortex wieder zusammenkommen, kann derzeit nur spekuliert werden.

3.2.3 Repräsentation von Farbe im visuellen System

Zellen, die auf Farbe reagieren, konnten in allen Bereichen der Sehbahn nachgewiesen werden. Ihre Funktionsweise ist hingegen insbesondere in den höheren cortikalen Arealen noch wenig erforscht. Es werden daher im folgenden schwerpunktmäßig Eigenschaften von Neuronen in frühen Stufen der Sehbahn beschrieben. Die Voraussetzung jeglicher Farbwahrnehmung ist die Existenz dreier verschiedener Farbpigmente in den Zapfentypen der Retina. Durch die räumliche Interaktion der Signale aus den unterschiedlichen Zapfentypen entstehen in den ihnen nachgeschalteten Neuronen spektrale Reaktionen. Dabei konnte bei Teilen der Bipolar- und Ganglienzellen sowie bei Zellen aus dem corpus geniculatum laterale ein ähnliches Verhalten festgestellt werden, während sich die bisher gefundenen farbsensitiven Zellen im visuellen Cortex von diesen Zellen unterscheiden.

Die farbempfindlichen Zellen im CGL sind von HUBEL in zwei Klassen eingeteilt worden (Typ 1 und Typ 2) [46]. Typ-1-Zellen sind sogenannte Gegenfarbzellen, die sich durch ein rezeptives Feld mit Zentrum und Umfeld auszeichnen. Sie unterscheiden sich untereinander in den Zapfensorten, welche die Zentrum- und Umfeldsysteme versorgen, sowie in der Art des Zentrums, das entweder exzitatorisch oder inhibitorisch ist. Rot-grüne Gegenfarbzellen erhalten ihre Eingangssignale von den L- und M-Zapfen. Sie unterteilen sich in vier Untergruppen R+Gr−, R−Gr+, Gr+R−, Gr−R+. Dabei bedeutet z. B. R+Gr−, daß es sich um eine Zelle mit rotem exhibitorischem Zentrum und grünem inhibitorischem Umfeld handelt. Eine zweite Gruppe von Gegenfarbzellen ist ähnlich organisiert. Sie erhalten ihre Eingangssignale von den S-Zapfen und einer Kombination der L- und M-Zapfen und werden daher als blau-gelbe Gegenfarbzellen bezeichnet. Hier konnte bisher nur die Existenz von B+G− sowie B−G+ Zellen nachgewiesen werden. Abbildung 3.9 gibt eine Übersicht über die bisher nachgewiesenen Gegenfarbzellen. Typ-

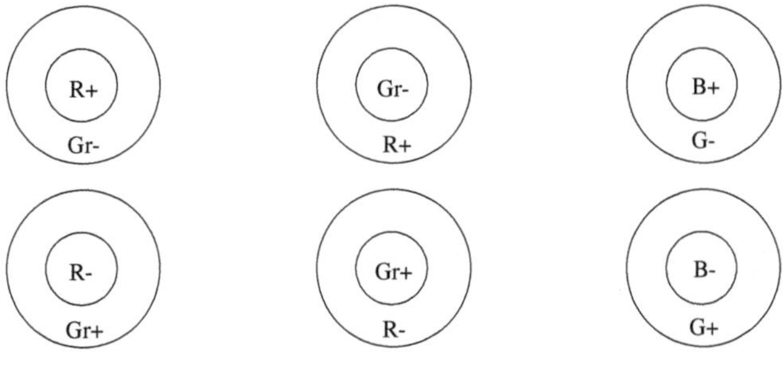

Abbildung 3.9: Gegenfarbzellen im CGL.

1-Zellen bilden den Hauptanteil der farbempfindlichen Zellen im CGL. Ein bedeutend kleinerer Teil sind Typ-2-Zellen mit rezeptiven Feldern, die nur Zentren besitzen. Auch hier unterscheidet man rot-grüne und blau-gelbe Zelltypen, entsprechend ihrer spektralen Reaktionen.

Im primären visuellen Cortex konnte erst Anfang der 80er Jahre die Existenz von farbempfindlichen Zellen nachgewiesen werden. Neben den auch im CGL und der Retina vorhandenen Typ-1-Gegenfarbzellen findet man im Cortex zusätzlich sogenannte Doppelgegenfarbzellen. Diese besitzen rezeptive Felder mit Zentren und Umfeldern, die auf Gegenfarbinformationen reagieren. So existieren z. B. Zellen mit einem R+Gr− Zentrum und einem Umfeld vom Typ R−Gr+. Sie werden durch rotes Licht im rezeptiven Feldzentrum aktiviert und durch grünes Licht gehemmt, durch rotes Licht im RF-Umfeld dagegen gehemmt und durch grünes aktiviert und reagieren daher besonders empfindlich auf rot-grün Kontraste (siehe Abbildung 3.10). Doppelgegenfarbzellen sind bis heute noch nicht

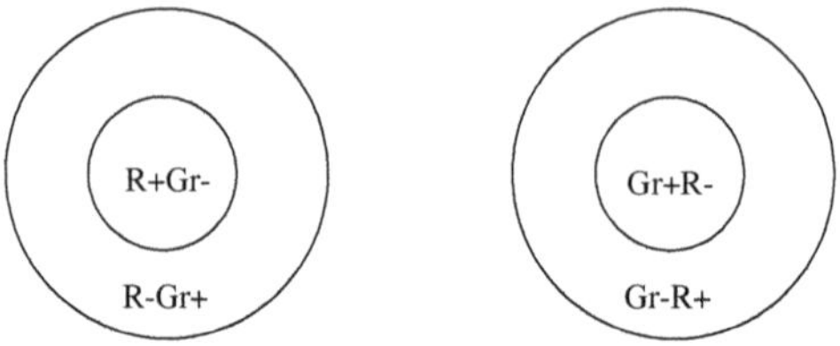

Abbildung 3.10: Beispiele von Doppelgegenfarbzellen im primären visuellen Cortex.

vollständig verstanden. Es wird aber vermutet, daß sie eine Rolle für die in Abschnitt 3.1 diskutierte Farbkonstanz spielen. Von den höheren cortikalen Arealen hat der Bereich V4 eine besondere Bedeutung für die Farbwahrnehmung. Etwa 60 % seiner Neurone reagieren auf Farbe. Hier wurden erstmals Zellen gefunden, die ein gewisses Maß von Farbkonstanz realisieren, d. h. die optimal auf bestimmte Farben von Gegenständen, unabhängig von den Beleuchtungsbedingungen reagieren [110, 109, 111]. Die V4-Neuronen bilden derzeit das letzte Glied in der Kette der bekannten farbempfindlichen Neuronen der Sehbahn, es ist jedoch unwahrscheinlich, daß sie die endgültige Instanz bei der Lösung des Problems der Farbwahrnehmung darstellen.

Das Verhalten der unterschiedlichen farbempfindlichen Zellen deutet darauf hin, daß das Gehirn Farbinformation nicht in drei unabhängigen Kanälen verarbeitet, wie man das durch die Reaktion der drei Zapfenarten vermuten könnte, sondern daß die Informationen der verschiedenen Zapfen kombiniert werden. Abhängig vom Ort innerhalb der Sehbahn wird die Farbinformation in unterschiedlicher, jeweils geeigneter Form repräsentiert: Ausgehend von einer relativ einfachen trichromatischen Beschreibungsform auf der Ebene der Zapfen über einen Gegenfarbmechanismus in der Netzhaut und im CGL bis zu komplexen Doppelgegenfarbensystemen im Cortex. Einige dieser Repräsentationsformen stehen in enger Korrespondenz zu bereits Ende des vorletzten Jahrhunderts aufgestellen Theorien über die menschliche Farbwahrnehmung, die alleine aufgrund psychophysikalischer Experimente entwickelt wurden.

3.2.4 Theorien der menschlichen Farbwahrnehmung

Die Prinzipien der menschlichen Farbwahrnehmung sind bereits seit mehreren Jahrhunderten Forschungsgegenstand unterschiedlicher wissenschaftlicher Disziplinen. Da lange Zeit keine physiologischen Untersuchungsmöglichkeiten zur Verfügung standen, mit denen man die neuronale Aktivität hätte messen können, wurden Vorhersagen physiologischer Mechanismen auf der Basis der Psychophysik getroffen. Die im folgenden geschilderten wichtigsten Theorien des Farbensehens sind in etwa zeitgleich entstanden und schienen lange Zeit unvereinbar zu sein. Sie werden heute als zwei sich ergänzende theoretische Deutungen betrachtet, die auf jeweils unterschiedlichen Stufen des visuellen Systems ihre Berechtigung haben.

Anfang des neunzehnten Jahrhunderts stellte der englische Physiker THOMAS YOUNG die Hypothese auf, daß die Farbwahrnehmung beim Menschen auf die Verarbeitung von drei unabhängigen Variablen beschränkt sein muß. Er vermutete, daß an jeder Stelle der Netzhaut drei winzige lichtempfindliche Strukturen vorhanden sind, die auf die drei Farben Rot, Grün und Violett ansprechen. Youngs Theorie wurde von HELMHOLTZ aufgenommen und ausgebaut. Er formulierte als erster exakt die Dreikomponenten-Theorie des Farbensehens, die heute unter dem Namen Young-Helmholtz Theorie bekannt ist [42]. Ihr zufolge verarbeitet das visuelle System Farbinformation in drei Kanälen, die sich durch unterschiedliche Verläufe ihrer spektralen Empfindlichkeiten auszeichnen und jeweils maximale Empfindlichkeit im roten, grünen und blauen Spektralbereich haben. Diese Vermutung begründete sich aus der Beobachtung, daß sich durch Mischung von Licht dreier Wellenlängen im richtigen Verhältnis jede beliebige Farbe erzeugen läßt, vorausgesetzt, die Wellenlängen liegen weit genug auseinander. Heute weiß man, daß die Spektralempfindlichkeiten auf die drei verschiedenen Zapfenarten in der Retina zurückzuführen sind. MACNICHOL und WALD waren die ersten, die Mitte der sechziger Jahre die Absorptionsspektren der einzelnen Zapfen gemessen haben [69, 13]. Diese Messungen werden allgemein als Bestätigung der Dreikomponenten-Theorie des Farbensehens auf Rezeptorebene angesehen.

Zwar erklärt die Dreikomponenten-Theorie eine Reihe von Phänomenen bei der Farbwahrnehmung, einige jedoch kann sie nicht erklären. Ein alternativer Ansatz, die Ergebnisse psychophysikalischer Farbmischversuche zu interpretieren, wurde vom deutschen Physiologen EWALD HERING entwickelt [43, 44]. Ihm fiel auf, daß unter der Gesamtheit der Farben vier Farben als besonders rein und ungemischt empfunden werden. Dies sind die Farben Rot, Grün, Blau und Gelb. Andere, auch reine Spektralfarben, empfindet man dagegen als Mischung. Von diesen vier Farben bilden je zwei einen polaren Gegensatz. Rot bildet mit Grün und Blau mit Gelb je ein Paar gegensätzlicher Farbempfindungen. Dies wird durch Experimente belegt, in denen Versuchspersonen Farben nur durch Farbnamen wie Rot, Grün, Blau oder Gelb (oder Kombinationen davon) beschreiben sollten: Es wurden niemals die Kombinationen Rot-Grün oder Blau-Gelb benutzt. Eine weitere Auffälligkeit war, daß die Addition von Rot und Grün bzw. von Blau und Gelb im richtigen Verhältnis zur vollständigen Auslöschung des Farbtons führt. Aufgrund derartiger Beobachtungen nahm HERING an, daß beim Farbensehen drei Paare von gegenläufigen Prozessen beteiligt sind, ein Rot-Grün Prozeß, ein Blau-Gelb Prozeß sowie ein von den anderen beiden qualitativ verschiedener Schwarz-Weiß Prozeß. Die polare Struktur der Farbwahrnehmungen hat zu dem Begriff der Hering'schen Gegenfarben-Theorie geführt. Während sich die Young-Helmholtz Theorie als geeignete Modellierung für das Farbensehen auf Rezeptorebene erwiesen hat, beschreibt Herings Ansatz das Farbensehen auf nachfolgenden Stufen des visuellen Systems wie in der Retina, im seitlichen Kniehöcker sowie in frühen cortikalen Arealen.

Es gibt Farbphänomene, die weder die Young-Helmholtz noch die Hering'sche Farbtheorie erklären können. Eines dieser Phänomene ist die Beobachtung, daß farbige Objekte über einen weiten Bereich von Beleuchtungsbedingungen immer gleich aussehen, bekannt als Farbkonstanz. Obwohl es bereits neurophysiologische Nachweise der Existenz farbkonstanter Zellen gibt [110, 109, 111], konnte sich bisher keine Theorie über die Farbverarbeitung in höheren Cortexarealen etablieren. Den derzeitigen Stand in der Modellierung der primären Farbverarbeitung des Menschen bilden zweistufige Modelle, in denen die Aktivierungen der drei Zapfentypen in unterschiedlicher Weise miteinander verschaltet werden. Neuere Ansätze berücksichtigen bei der Modellierung zusätzlich konkrete anatomische und physiologische Erkenntnisse über den Aufbau der fovealen Retina und bilden damit erste dreistufige Modelle [21, 88].

Die in diesem Abschnitt präsentierten Konzepte der Farbverarbeitung des Menschen, die aus physiologischer Sicht sowie anhand der Theorien der menschlichen Farbwahrnehmung erläutert wurden, dienen im folgenden Abschnitt als Motivation für die Entwicklung technischer Farbbeschreibungen.

3.3 Technische Farbbeschreibung

In technischen Anwendungen ist es erforderlich, Farben Maßzahlen zuzuordnen, d. h. die symbolische Farbbeschreibung durch eine numerische Farbbeschreibung zu ersetzen.

Die Untersuchungen der Farbwahrnehmung des Menschen haben gezeigt, daß – bedingt durch die Existenz dreier unterschiedlicher Farbrezeptoren – Farbe als dreidimensionale Größe beschrieben werden kann. Der Mensch selbst wechselt dabei auf dem Weg von der Aufnahme des Farbreizes bis zur Entstehung des Farbeindrucks im Gehirn mehrmals die zugrundeliegende Beschreibungsform. Vermutlich stellt die auf der jeweiligen Stufe der Sehbahn gewählte Repräsentation eine im Hinblick auf die vorliegende Aufgabe besonders geeignete Kodierung des Farbreizes dar.

Technische Beschreibungen von Farbe sind im Bereich der Bildverarbeitung streng an die Prinzipien der menschlichen Farbwahrnehmung gekoppelt. Herkömmliche Farbkameras zur Aufnahme des Farbreizes liefern ebenso wie die Fotorezeptorzellen des Auges eine dreidimensionale Repräsentation des Farbsignals. Farbe wird demzufolge als Punkt innerhalb eines dreidimensionalen Raumes, die Menge aller wahrnehmbaren Farben als Untermenge dieses Raumes beschrieben. Das verwendete Koordinatensystem und die Organisation innerhalb des Raumes wird – ähnlich wie beim Menschen – aufgabenabhängig definiert. Es existiert daher eine Vielzahl an unterschiedlichen technischen Farbbeschreibungen, sogenannten Farbräumen.

Im folgenden werden einige der derzeit üblichen technischen Beschreibungsformen von Farbe hergeleitet. Ausgangspunkt bildet die physikalische Beschreibung des Farbreizes in Form von Leistungsdichtespektren. Durch die Physiologie des Auges wird eine Reduktion dieser sehr hochdimensionalen Beschreibungsform auf eine dreidimensionale Farbdarstellung ermöglicht. Die Menge der dreidimensionalen Farbdarstellungen bezeichnet man als Farbräume. Erfolgt die Abbildung einer Farbe in einen Farbraum auf der Basis von Farbmischexperimenten, in denen die Gleichheit einer Testfarbe mit einer Mischfarbe beurteilt wird, so spricht man von psychophysischen Farbräumen. Oft werden derartige Farbräume als Grundlage für andere Farbbeschreibungen genommen, in diesen Fällen spricht man von abgeleiteten Farbräumen.

3.3.1 Psychophysische Farbräume

Durch die additive Mischung dreier Grundfarben können alle Farbwahrnehmungen erzeugt werden. Unter additiver Farbmischung versteht man dabei die Überlagerung von Licht der jeweiligen Einzelfarben; das entspricht einer punktweisen Addition der Spektren. Dieser Sachverhalt bildet die Grundlage für die Einführung sogenannter psychophysischer Farbräume. Physiologisch gesehen beruht er auf der Existenz dreier Rezeptortypen mit unterschiedlichem spektralem Absorptionsverhalten (s. Abbildung 3.5). Bezeichnet man mit $\varphi_s(\lambda), \varphi_m(\lambda), \varphi_l(\lambda)$ die Absorptionsspektren der Zapfen mit Maxima im kurz-, mittel- und langwelligen Bereich und mit $I(\lambda)$ das Spektrum eines Lichtreizes, so erhält man die Erregungen der Zapfen durch lineare Überlagerung der mit dem Absorptionswert gewichteten spektralen Anteile:

$$\begin{aligned} e_s &= \int \varphi_s(\lambda) I(\lambda)\,\mathrm{d}\lambda \\ e_m &= \int \varphi_m(\lambda) I(\lambda)\,\mathrm{d}\lambda \\ e_l &= \int \varphi_l(\lambda) I(\lambda)\,\mathrm{d}\lambda. \end{aligned} \tag{3.1}$$

Die Integration erfolgt dabei über den sichtbaren Bereich des elektromagnetischen Spektrums. Auf die Angabe von Integrationsgrenzen wird hier und im folgenden der Übersichtlichkeit halber verzichtet. Ausschlaggebend für die Farbwahrnehmung sind allein die Erregungen der Rezeptoren (e_s, e_m, e_l). Unterschiede in der spektralen Zusammensetzung, die sich nicht auf die Erregungen auswirken, sind unerheblich. Zwei voneinander verschiedene Spektren $I_1(\lambda)$ und $I_2(\lambda)$, die die gleiche Farbwahrnehmung hervorrufen, heißen metamer. Vor der Einführung spezieller psychophysischer Farbräume werden im folgenden zunächst die experimentellen Grundlagen der durchgeführten Farbmischversuche erläutert.

Experimentelle Basis

Drei Farben mit den Spektren $\mathcal{B}_i(\lambda), i \in \{1,2,3\}$, für die gilt, daß kein Spektrum als Linearkombination der anderen beiden Spektren ausgedrückt werden kann und daß kein Spektrum zu einer Linearkombination der anderen Spektren metamer ist, werden im folgenden als Grundfarben bezeichnet. Die Gesamtheit der durch additive Mischung der Grundfarben darstellbaren Spektren erhält man als $\sum_{i=1}^{3} b_i \mathcal{B}_i(\lambda)$, mit $0 \leq b_i \leq 1$. Farbmischexperimente zeigen, daß durch geeignete Wahl der b_i jede Farbwahrnehmung reproduziert werden kann. Der zugrundeliegende Versuchsaufbau enthält ein zweigeteiltes

Feld, dessen eine Hälfte eine Testfarbe zeigt und in dessen zweiter Hälfte diese Testfarbe mit Hilfe der drei Grundfarben nachgemischt werden kann. In fast allen Fällen gelingt es einem Beobachter durch Justierung der Intensitäten der Grundfarben eine Einstellung zu finden, so daß die zu testende Farbe und die gemischte Farbe gleich erscheinen. In den anderen Fällen ist es möglich, eine Mischung der Testfarbe mit einer der drei Grundfarben durch die Mischung der anderen beiden Grundfarben nachzustellen. Die Ergebnisse der Farbmischexperimente lassen sich mathematisch folgendermaßen formulieren. Man weiß, daß gleiche Farbwahrnehmungen gleiche Rezeptorerregungen bedingen, daß also gilt:

$$\begin{aligned} \int \varphi_s(\lambda) I(\lambda)\,\mathrm{d}\lambda &= \int \varphi_s(\lambda) \left(\sum_{i=1}^{3} b_i \mathcal{B}_i(\lambda) \right) \mathrm{d}\lambda \\ \int \varphi_m(\lambda) I(\lambda)\,\mathrm{d}\lambda &= \int \varphi_m(\lambda) \left(\sum_{i=1}^{3} b_i \mathcal{B}_i(\lambda) \right) \mathrm{d}\lambda \\ \int \varphi_l(\lambda) I(\lambda)\,\mathrm{d}\lambda &= \int \varphi_l(\lambda) \left(\sum_{i=1}^{3} b_i \mathcal{B}_i(\lambda) \right) \mathrm{d}\lambda. \end{aligned} \tag{3.2}$$

Die Koeffizienten b_i werden als Farbwerte bezeichnet. Sie bilden die Koordinatenwerte des Spektrums $I(\lambda)$ bezüglich des Koordinatensystems, das durch die drei Grundfarben $\mathcal{B}_i(\lambda)$ aufgespannt wird. Anders ausgedrückt wird der unendlich dimensionale Raum der Spektren $I(\lambda)$ in den dreidimensionalen Raum der Grundfarben $\mathcal{B}_i(\lambda)$ abgebildet. Farbräume, die auf psychophysischen Farbmischexperimenten basieren, werden als psychophysische Farbräume bezeichnet.

Experimentell kann damit jedem Spektrum $I(\lambda)$ ein Farbwerttripel (b_1, b_2, b_3) zugeordnet werden. Wünschenswert ist jedoch die Möglichkeit, Farbwerte beliebiger Spektren auch rechnerisch bestimmen zu können. Dies gelingt durch die Einführung von Spektralwertfunktionen $\bar{b}_i(\lambda), i \in \{1,2,3\}$. Spektralwertfunktionen geben die Mischungsverhältnisse der drei Grundfarben für die Erzeugung aller zu monochromatischen Farbreizen äquivalenten Farbwahrnehmungen an. Sie entsprechen damit den allgemeineren Farbwerten für den Fall, daß als Testreiz Licht genau einer Wellenlänge verwendet wird. Bei Betrachtung einer reinen Spektralfarbe mit der Wellenlänge λ_0 wird aus Gleichung (3.2) mit $I(\lambda) = \delta(\lambda - \lambda_0)$ und unter Ausnutzung der Ausblendeigenschaft der Deltafunktion $\int \varphi_j(\lambda)\delta(\lambda - \lambda_0)\,\mathrm{d}\lambda = \varphi_j(\lambda_0)$ dann

$$\varphi_j(\lambda_0) = \int \varphi_j(\lambda) \left(\sum_{i=1}^{3} \bar{b}_i(\lambda_0) \mathcal{B}_i(\lambda) \right) \mathrm{d}\lambda \qquad \text{mit} \quad j \in \{s, m, l\}. \tag{3.3}$$

Die Bestimmung der Spektralwertfunktionen $\bar{b}_i(\lambda)$ erfolgt experimentell durch Farbmischversuche. Sind sie einmal bekannt, so können Farbwerte beliebiger Spektren durch Ausnutzung der Beziehung

$$b_i = \int \bar{b}_i(\lambda) I(\lambda)\,\mathrm{d}\lambda \tag{3.4}$$

berechnet werden. Eine formale Herleitung dieses Zusammenhangs findet sich z. B. in [68].

Die Wahl der Grundfarben ist prinzipiell beliebig. Sie legt das verwendete Koordinatensystem bzw. den verwendeten Farbraum fest. Mit einer Änderung der Grundfarben ist immer eine Änderung der Spektralwertfunktionen und der Farbwerte verbunden, d. h. dieselbe Farbe wird in unterschiedlichen Farbräumen durch verschiedene Farbwerte repräsentiert. Im folgenden wird gezeigt, daß zwischen den Farbwerten unterschiedlicher Farbräume ein linearer Zusammenhang besteht.

Stellen a_i und b_i mit $i \in \{1,2,3\}$ Farbwerte einer Farbe bezüglich zweier unterschiedlicher Koordinatensysteme dar, die durch die Grundfarben $\mathcal{A}_i$ und $\mathcal{B}_i$ aufgespannt werden, so müssen die Erregungen der Rezeptoren bei Betrachtung der beiden Mischungen identisch sein. d. h. es muß gelten (nach (3.2)):

$$\int \varphi_j(\lambda)\left(\sum_{i=1}^{3} a_i \mathcal{A}_i(\lambda)\right) \mathrm{d}\lambda = \int \varphi_j(\lambda)\left(\sum_{i=1}^{3} b_i \mathcal{B}_i(\lambda)\right) \mathrm{d}\lambda, \tag{3.5}$$

für $j \in \{s,m,l\}$. Vertauscht man die Reihenfolge von Integration und Summation so erhält man

$$\sum_{i=1}^{3} a_i \int \varphi_j(\lambda)\mathcal{A}_i(\lambda)\,\mathrm{d}\lambda = \sum_{i=1}^{3} b_i \int \varphi_j(\lambda)\mathcal{B}_i(\lambda)\,\mathrm{d}\lambda. \tag{3.6}$$

Faßt man nun die Integralterme in den Matrizen M^A und M^B entsprechend

$$M^A = \{m^A_{ij}\} \qquad m^A_{ij} = \int \varphi_j(\lambda)A_i(\lambda)d\lambda \qquad \text{und} \tag{3.7}$$

$$M^B = \{m^B_{ij}\} \qquad m^B_{ij} = \int \varphi_j(\lambda)B_i(\lambda)d\lambda \tag{3.8}$$

zusammen und definiert die Vektoren $\mathbf{a}$ und $\mathbf{b}$ als $\mathbf{a} = (a_1 a_2 a_3)^T$ bzw. $\mathbf{b} = (b_1 b_2 b_3)^T$, so kann man Gleichung 3.6 auch schreiben als

$$\mathbf{a}^{\mathrm{T}} M^A = \mathbf{b}^{\mathrm{T}} M^B. \tag{3.9}$$

Da es sich bei den Farbsystemen $\mathcal{A}_i(\lambda)$ und $\mathcal{B}_i(\lambda)$ um Grundfarbensysteme handelt, sind die Matrizen M^A und M^B invertierbar und das Gleichungssystem ist nach $\mathbf{a}$ oder $\mathbf{b}$ auflösbar. Damit ist gezeigt, daß die Farbwerte (und somit auch die Spektralwertfunktionen) für verschiedene Grundfarbensysteme über lineare Transformationen zusammenhängen. Diese Transformationen sind i. a. nicht orthonormal, d. h. Abstände und Winkel bleiben beim Übergang von einem Grundfarbensystem zum nächsten nicht erhalten. Da prinzipiell alle Systeme gleichwertig sind, ist demzufolge eine sinnvolle Definition von Abständen und Winkeln in psychophysischen Farbräumen nicht möglich.

Im folgenden werden zwei von der CIE empfohlene Standardfarbräume näher vorgestellt.

Der CIE-RGB-Raum

Der RGB-Raum benutzt Grundfarben $(\mathcal{R}, \mathcal{G}, \mathcal{B})$ mit Spektren im lang-, mittel- und kurzwelligen Bereich des sichtbaren Lichtes. Als Standard wurde die Verwendung reiner Spektralfarben mit den Wellenlängen λ_R =700 nm, λ_G =546,1 nm, λ_B =435,8 nm von der CIE empfohlen [1]. Die zugehörigen Spektralwertfunktionen sind in Abbildung 3.11 dargestellt. Es fällt auf, daß Wellenlängenbereiche existieren, in denen einer der Spektralwer-

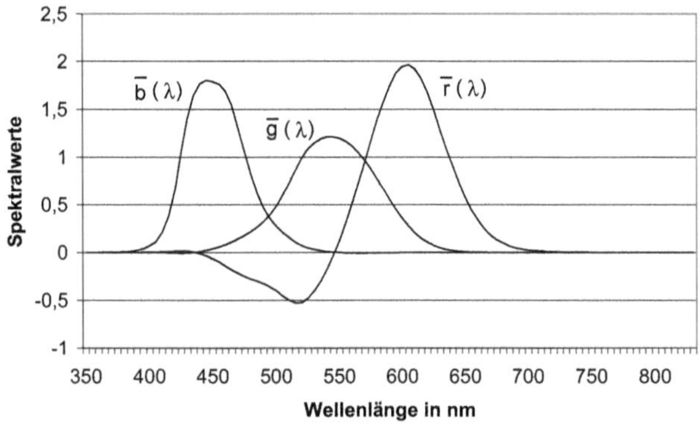

Abbildung 3.11: Spektralwertfunktionen ($\mathcal{R}, \mathcal{G}, \mathcal{B}$-System).

te negative Werte annimmt. Farben dieser Wellenlängen können durch additive Mischung der Grundfarben nicht reproduziert werden, sie liegen außerhalb des Farbbereichs, der von den Grundfarben aufgespannt wird. Eine Farbgleichheit kann jedoch trotzdem erzielt werden, indem die Grundfarbe mit negativem Spektralwert zur Testfarbe hinzugemischt wird.
Es ist nicht möglich, drei Grundfarben zu finden, die *alle* sichtbaren Farben durch additive Mischung reproduzieren können (z. B. [107]). Sie werden deshalb sinnvollerweise so gewählt, daß der Anteil der darstellbaren Farben möglichst groß wird. Der CIE Standard entspricht dieser Forderung.

Solange die von den drei Grundfarben aufgespannten Koordinatenachsen einen gemeinsamen Ursprung haben und nicht in einer Ebene liegen, ist ihre Anordnung und Skalierung willkürlich. Üblicherweise wird der RGB-Farbraum jedoch als Einheitswürfel innerhalb eines kartesischen Koordinatensystems dargestellt (s. Abbildung 3.12). Jede Farbe innerhalb des Würfels wird durch ihre Anteile an den Grundfarben $\mathcal{R}, \mathcal{G}$ und $\mathcal{B}$ beschrieben. Die Hauptdiagonale repräsentiert die Grauwerte: schwarz ist $(0,0,0)$, gleichverteiltes „weißes“ Licht wird auf den Punkt $(1,1,1)$ abgebildet. Der RGB-Farbraum

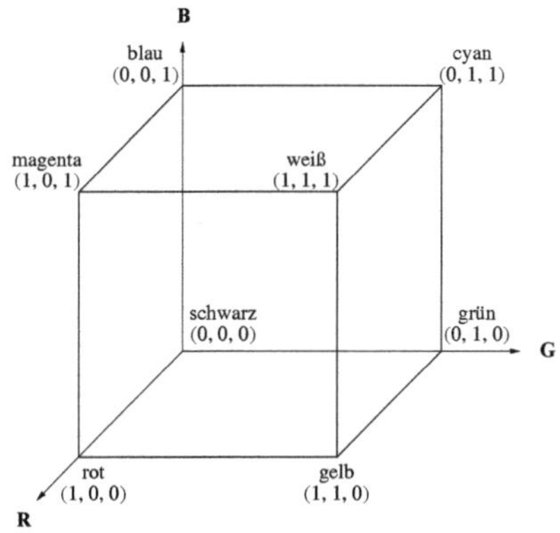

Abbildung 3.12: Der RGB-Farbraum.

ist ein linearer Raum, in dem die Prinzipien der additiven Farbmischung gelten: Mischungen zwischen Farben ergeben sich durch Addition der einzelnen Komponenten. So ergibt sich die Farbe Gelb als Mischung von Rot und Grün entsprechend $(1,1,0) = (1,0,0)+(0,1,0)$.

RGB-Farbräume sind zur Beschreibung von Farbe weit verbreitet. Das Auftreten negativer Spektralwerte ist jedoch oft ungünstig und hat zur Definition weiterer Farbräume geführt.

Der Normfarbraum CIE-XYZ

Der XYZ-Farbraum ist der Standardraum der Farbmetrik und wurde 1931 von der CIE definiert [1]. Er basiert auf Messungen mit den gleichen Grundfarben wie der RGB-Raum, doch führt man anschließend eine Koordinatentransformation durch, die den Spektralwertfunktionen bestimmte günstige Eigenschaften verleiht (s. u.). Für die Transformation der Spektralwerte bzw. der Farbwerte des RGB-Raumes in den XYZ-Raum gilt ein linearer Zusammenhang entsprechend

$$\begin{bmatrix} \bar{x} \\ \bar{y} \\ \bar{z} \end{bmatrix} = \begin{bmatrix} 0.490 & 0.310 & 0.200 \\ 0.177 & 0.813 & 0.011 \\ 0.000 & 0.010 & 0.990 \end{bmatrix} \begin{bmatrix} \bar{r} \\ \bar{g} \\ \bar{b} \end{bmatrix}. \tag{3.10}$$

Damit ergibt sich für die Spektralwertfunktionen der in Abbildung 3.13 gezeigte Verlauf. Die Spektralwertfunktion $\bar{y}(\lambda)$ ist derart konstruiert, daß sie dem Verlauf des Helligkeitsempfindens beim photopischen Sehen entspricht. Desweiteren nehmen die Spektralwertfunktionen im gesamten Wellenlängenbereich nicht-negative Werte an. Damit sind alle Spektralfarben und folglich auch Farben beliebiger Spektren durch positive Farbwerte

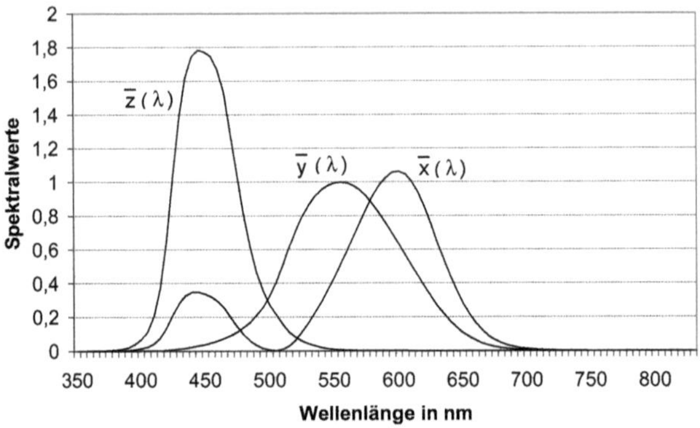

Abbildung 3.13: Spektralwertfunktionen ($\mathcal{X}, \mathcal{Y}, \mathcal{Z}$-System).

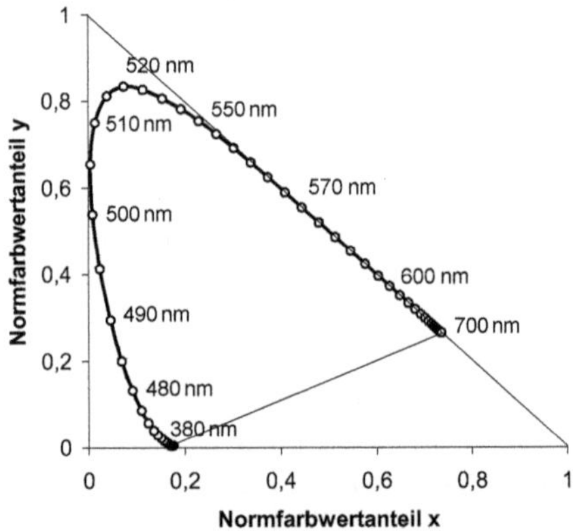

Abbildung 3.14: CIE-Farbendreieck mit dem Spektralfarbenzug und der Purpurlinie.

X, Y, Z im Grundfarbensystem $\mathcal{X}, \mathcal{Y}, \mathcal{Z}$ darstellbar. Dies ist nur möglich, da es sich um irreale, d. h. nicht darstellbare Grundfarben handelt.
Der XYZ-Farbraum wird oft mit Hilfe des Farbendreiecks beschrieben (s. Abbildung 3.14). In dieser Darstellung sind die normierten Farbwertanteile

$$x = \frac{X}{X+Y+Z} \quad \text{und} \quad y = \frac{Y}{X+Y+Z} \tag{3.11}$$

gegeneinander aufgetragen. Der dritte Wert z ist redundant und ergibt sich zu $z = 1 - x - y$. Durch die Normierung erhält man eine Farbbeschreibung, die annähernd unabhängig von Helligkeitsvariationen ist. Das Farbendreieck hat die Form eines rechtwinkligen gleichschenkligen Dreiecks, dessen Eckpunkte den virtuellen Grundfarben entsprechen. Die darin enthaltene Kurve stellt den Spektralfarbenzug dar, in den sich die Spektralfarben von 380 nm bis 760 nm einordnen. Sie wird durch die Purpurlinie, die die beiden Endpunkte des Spektralfarbenzugs verbindet, geschlossen. Die Gesamtheit aller realen Farben ist durch einen Farbort innerhalb dieses Bereiches bestimmt. Hochgesättigte Farben findet man dabei an den Randbereichen, wenig gesättigte in der Umgebung des Punktes $x = y = \frac{1}{3}$, auf den der Weißpunkt abgebildet wird.

Der Normfarbraum XYZ ist – wie schon der RGB-Raum – ein linearer Farbraum, in dem die Prinzipien der additiven Farbmischung gelten. Alle Mischfarben zweier Farben liegen im Farbendreieck auf der Verbindungslinie ihrer Farborte, alle Mischfarben mehrerer Farben innerhalb der konvexen Hülle ihrer Farborte. Daran wird deutlich, daß durch die Mischung dreier realer Farben nicht alle Farbwahrnehmungen reproduziert werden können: Es ist nicht möglich die Fläche aller darstellbaren Farben durch ein Dreieck mit Eckpunkten innerhalb dieser Fläche zu umhüllen.

Das Normfarbsystem wird selten direkt zur Farbbeschreibung benutzt. Es erlangt seine Bedeutung als weltweit akzeptierter Standard zur eindeutigen Festlegung von Farbwerten. Viele weitere Farbräume werden von ihm abgeleitet.

3.3.2 Abgeleitete Farbräume

Die im letzten Abschnitt vorgestellten Farbräume wurden auf der Grundlage von Farbmischversuchen entwickelt. Sie stellen Farben eindeutig und nachbarschaftserhaltend als Punkte innerhalb eines dreidimensionalen geradlinigen Koordinatensystems dar, das durch die Grundfarben aufgespannt wird. Nachbarschaftserhaltend bedeutet hierbei, daß jede Farbe ihren Nachbarfarben perzeptuell ähnlich ist. Diese Darstellungen eignen sich sehr gut für die Spezifikation von Farben und werden daher in vielen industriellen Anwendungen, in denen es auf die exakte Reproduzierbarkeit von Farben ankommt, eingesetzt. Andere Anwendungsgebiete stellen oft andere Anforderungen an die Eigenschaften von Farbräumen. Aus diesem Grund ist eine sehr große Anzahl an anwendungsbezogenen Farbräumen entwickelt worden. Der folgende Unterabschnitt gibt einen kurzen Überblick über ihre Eigenschaften und Anwendungsgebiete. Im Anschluß daran werden einige für diese Arbeit wesentliche Farbräume genauer vorgestellt.

Überblick

Einige Farbräume sind eng an Vorgaben bzw. Anforderungen von Gerätekomponenten gebunden. Beispiele für geräte-orientierte Farbräume sind der RGB-Raum sowie der CMY-Raum. Der RGB-Raum wird von den herkömmlichen Fernsehgeräten und Monitoren verwendet, seine Grundfarben sind durch die Emissionsspektren der verwendeten Phosphormoleküle festgelegt (im Unterschied zum CIE-RGB-Raum, s. Seite 34). Zur Herstellung von Farbdrucken oder -fotos wird eine Farbbeschreibung im CMY-Raum gewählt. Cyan, magenta und gelb werden auch als subtraktive Grundfarben bezeichnet, d. h. ihr Absorptionsverhalten legt die Grundfarben fest. Weitere Beispiele geräte-orientierter Farbräume sind die für die Übertragung von Fernsehsignalen verwendeten YIQ-(Nordamerika) und YUV-(Europa) Räume. In dieser Farbbeschreibung wird das Helligkeitssignal (Y) separiert, um Kompatibilität zum Schwarz-Weiß Standard zu erhalten. Desweiteren sind derartige Farbräume konzipiert, um eine gute Datenkompression bei geringem visuellen Verlust zu erreichen und so die gesendete Informationsmenge bei begrenzter Bandbreite zu maximieren.

Eine andere Klasse von Farbräumen wurde mit dem Ziel entwickelt, eine anschauliche, dem menschlichen Farbempfinden angepaßte Farbbeschreibung zu ermöglichen. Sie verwenden Attribute, die intuitiv auch von Laien zur Farbbeschreibung benutzt werden, beispielsweise Farbton (hue), Sättigung (saturation) und Helligkeit (brightness) im HSB-Raum. Es existiert eine Vielzahl derartiger Farbräume, die sich weniger durch die verwendeten Attribute als durch die Rechenvorschriften zu ihrer Erzeugung unterscheiden. Die meisten sind Lineartransformationen des CIE-RGB-Raumes, andere werden explizit algorithmisch definiert. Stellvertretend für diese Klasse wird hier der HSV-Raum vorgestellt.

Alle bisher genannten Farbsysteme haben einen Nachteil. Sie sind keine wahrnehmungsmäßig gleichabständigen Farbsysteme. Das bedeutet, daß Farben mit gleichen Abständen im Farbraum nicht immer als gleich weit voneinander entfernt wahrgenommen werden. Aus der Vielzahl der diesbezüglich entwickelten Farbräume wurden schließlich zwei von der CIE ausgewählt und für Farbabstandsbewertungen empfohlen. Beide basieren auf dem Normfarbsystem CIE-XYZ. Hier wird der CIE-$L^*u^*v^*$-Farbraum vorgestellt, der bei der Bewertung von Farbabständen in der Größenordnung wie sie im *Munsell Book of Color* [3], einem Standardwerk der Farbspezifikation, auftreten vorteilhafter sein soll.

Im Zusammenhang mit der Problematik der Farbkonstanz wurde von POMIERSKI ein Farbraum entwickelt, in dem sich eine dem menschlichen Farbempfinden angepaßte, referenzfreie Farbadaptation in einfacher Weise durchführen läßt [89]. Er basiert auf der Auswertung neurophysiologischer Untersuchungen bezüglich der Verschaltung der Zellen der Retina und des CGL und wird daher als physiologischer Farbraum bezeichnet.

Viele der oben genannten Farbräume sind in [25] und [49] beschrieben. Eine sehr anwendungsbezogene Darstellung der verschiedenen Farbräume geben POYNTON, ROBERTS und FORD in ihren Fragekatalogen im Internet [91, 95]. Weitere Details zu wahrnehmungsmäßig gleichabständigen Farbsystemen findet man in [107, 51].

Der HSV-Raum

Der von SMITH [99] entwickelte HSV-Farbraum beschreibt Farbe mit Hilfe der Parameter hue (Farbton), saturation (Sättigung) und value ($\widehat{=}$ Helligkeit). Das zugrundeliegende Koordinatensystem ist zylindrisch, der Farbraum selbst hat die Form einer auf dem Kopf stehenden sechsseitigen Pyramide (s. Abbildung 3.15). Für die Pyramidenspitze gilt $V = 0$,

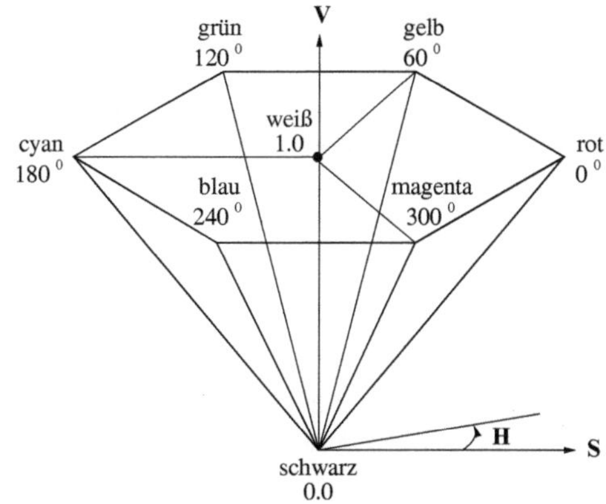

Abbildung 3.15: Der HSV-Farbraum.

sie repräsentiert den Wert für schwarz. Die Grundfläche der Pyramide enthält die hellen Farben, es gilt $V = 1$. Der Farbton H wird durch den Winkel um die vertikale Achse angegeben. Er ist derart normiert, daß rot einem Farbton von $0°$ entspricht. Komplementärfarben, d. h. Farben die additiv gemischt weiß ergeben, liegen um $180°$ versetzt zueinander. Der Wert der Sättigung liegt im Intervall $[0, 1]$, wobei der Wert 0 an der V-Achse und der Wert 1 an den Rändern des Sechsecks angenommen wird. Er repräsentiert das Verhältnis der Reinheit einer Farbe zu ihrer maximalen Reinheit (bei $S = 1$). Bei $S = 0$ liegen dementsprechend die unbunten Farben (Grauwerte). Die Grundfläche des HSV-Raumes erhält man durch Projektion der Oberfläche des RGB-Würfels entlang der Hauptdiagonalen von weiß nach schwarz. Jeder Teilwürfel des RGB-Raums korrespondiert derart zu einer Schicht des HSV-Raumes. Die Hauptdiagonale des RGB-Raumes wird zur V-Achse des HSV-Raumes. Man sieht intuitiv die Korrespondenz zwischen RGB und HSV. Die Algorithmen zur Umrechnung finden sich z.B. in FOLEY ET AL. [25].

Bei dem HSV-Raum handelt es sich um einen etablierten Farbraum, der sowohl im Softwarebereich (Bildverarbeitungsprogramme) als auch im Hardwarebereich (Frame Grabber) standardmäßig angeboten wird. Die Aufspaltung des dreidimensionalen Farbsignals in eine Helligkeitskomponente und zwei reine Farbkomponenten erweist sich bei einigen Aufgabenstellungen als vorteilhaft. Außerdem besitzt der Farbwinkel eine multiplikative und additive Invarianz, bleibt also näherungsweise konstant, wenn die Beleuchtungsintensität sich ändert oder die Farbe mit Grauwerten gemischt wird. Zu den nachteiligen Eigenschaften des HSV-Raumes gehört das Auftreten einer nicht entfernbaren Singularität an der V-Achse (also für $S = 0$). Für diese unbunten Farben ist der Farbton undefiniert. Dazu kommt, daß der Farbwinkel in der Nähe dieser Singularität instabil ist, d. h. kleine Änderungen des Farbwertes führen zu Sprüngen im Farbton. Ein weiteres rechentechnisches Problem stellt die Diskontinuität beim Übergang des Farbwinkels von 360° zu 0° dar. Aufgrund dieser Eigenschaften sind Abstandsmessungen im HSV-Raum z. B. mit einem einfachen euklidischen Maß nicht möglich. Auch eine Mittelung von Farben z. B. zum Glätten von Bilddaten kann auf direktem Wege nicht durchgeführt werden. Ein letzter Punkt, der zur Kritik des HSV-Raumes bei Anwendungen im Bildverarbeitungssektor geführt hat, ist seine fehlende wahrnehmungsmäßige Gleichabständigkeit. Er wird daher in letzter Zeit zunehmend von den CIE-Farbräumen CIE-L*a*b*und CIE-L*u*v*abgelöst.

Der CIE-L*u*v*-Raum

Es wird heute allgemein angenommen, daß der Raum der Farbempfindungen eine Riemannsche Metrik besitzt [51, 49]. Die Abstandsschwellen sind von Farbort zu Farbort verschieden. Diese Eigenschaft ist für Anwendungen aus den Bereichen der Bildkodierung, -verbesserung und -analyse oft sehr unbefriedigend. Es ist daher vielfach versucht worden, Transformationen zu finden, die eine Approximation des Riemannschen Farbenraumes als euklidschen Farbenraum erlauben.

Der CIE-L*u*v*-Farbraum wurde 1976 von der CIE zur Bewertung von Farbabständen empfohlen. Er wird über eine nichtlineare Transformation aus dem Normfarbraum definiert. Wie in diesem (und dem im letzten Unterabschnitt vorgestellten HSV-Raum) wird auch hier die Helligkeitskomponente von den zwei reinen Farbkomponenten separiert. Darüberhinaus wird die nichtlineare Reaktion des visuellen Systems auf Helligkeit berücksichtigt und als Potenzfunktion modelliert. Es gilt der folgende Zusammenhang:

$$\begin{aligned} \mathrm{L}^* &= 116\left(\frac{Y}{Y_n}\right)^{\frac{1}{3}} - 16 && \text{für } \frac{Y}{Y_n} > 0.008856 \\ \mathrm{L}^* &= 903.3\,\frac{Y}{Y_n} && \text{sonst,} \end{aligned} \tag{3.12}$$

wobei der Index n die Werte eines weißen Referenzlichtes (häufig in der Form der approximierten spektralen Energieverteilung des Tageslichtes D_{65}) kennzeichnet. Die Farbkomponenten berechnen sich entsprechend

$$\mathrm{u}^* = 13\mathrm{L}^*(u' - u'_n) \tag{3.13}$$

$$\mathrm{v}^* = 13\mathrm{L}^*(v' - v'_n), \tag{3.14}$$

unter Zuhilfenahme der Beziehung

$$u' = \frac{4X}{X+15Y+3Z} \tag{3.15}$$

$$v' = \frac{9Y}{X+15Y+3Z}. \tag{3.16}$$

Der CIE-L*u*v*-Raum wird in Form eines rechtwinkligen Koordinatensystems dargestellt, die Komponenten u* und v* können auch negative Werte annehmen.

Der CIE-L*u*v*-Raum reduziert die wahrgenommene Ungleichheit von Farbabständen im Vergleich z. B. zum Normfarbsystem um einen Faktor > 10 und wird i. a. als wahrnehmungsmäßig gleichabständig bezeichnet. Obwohl diese Aussage nur näherungsweise gilt, wird zur Berechnung von Farbabständen die euklidische Metrik verwendet:

$$\Delta E = \sqrt{(\Delta L^*)^2 + (\Delta u^*)^2 + (\Delta v^*)^2}. \tag{3.17}$$

Mit dem CIE-L*u*v*-Raum steht ein Farbraum zur Verfügung, der viele Ansprüche im Bildverarbeitungsbereich erfüllt. Sein Bezug zum Normfarbsystem ermöglicht eine eindeutige Spezifikation von Farben, weiterhin können Farbabstände sinnvoll definiert werden. Er wird in dieser Arbeit zur Bewertung von Farbdifferenzen im Bereich der Bildsegmentierung eingesetzt.

Der physiologische Farbraum

Eine Aufarbeitung aktueller neurophysiologischer Erkenntnisse bezüglich der Verschaltung von Zellen der Netzhaut sowie des CGL des Menschen führten 1995 zur Einführung eines sogenannten physiologischen Farbraumes [89, 88]. Er wird von den drei zueinander orthogonalen Achsen RG, BY sowie WS aufgespannt, die Abkürzungen stehen dabei für die Gegenfarbenpaare Rot-Grün und Blau-Gelb sowie für die Unbuntachse Weiß-Schwarz, und zeigt damit eine enge Korrespondenz zur Gegenfarbentheorie von HERING (s. Seite 29 ff.). Seine Definition basiert auf einer Lineartransformation des RGB-Raumes und ergibt sich zu

$$\begin{pmatrix} RG \\ BY \\ WS \end{pmatrix} = \begin{pmatrix} 0.500 & -1.0 & 0.500 \\ -0.875 & 0.0 & 0.875 \\ 1.500 & 1.5 & 1.500 \end{pmatrix} \begin{pmatrix} R \\ G \\ B \end{pmatrix}. \tag{3.18}$$

Abbildung 3.16 verdeutlicht die Geometrie des physiologischen Farbraums. Er hat die Form eines auf der Spitze stehenden Rhomboeders. Die acht von POMIERSKI als extreme Farbempfindungen bezeichneten Farben schwarz, violettblau, grün, orangerot, cyanblau, gelb, magentarot und weiß sind in den Ecken des Farbraumes angeordnet.

Seine Bedeutung gewinnt der physiologische Farbraum durch die Möglichkeit der Modellierung des Phänomens der Farbkonstanz. POMIERSKI schlägt vor, diese in Form

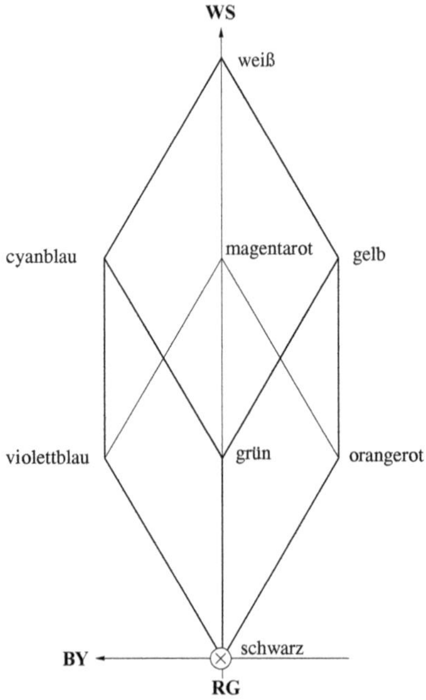

Abbildung 3.16: Der physiologische Farbraum.

einer *Farbumstimmung* mit gleichzeitiger *Dynamikanpassung* innerhalb des physiologischen Farbraums zu realisieren. Dazu werden die Punkte eines RGB-Bildes in den physiologischen Farbraum transformiert. Sie bilden dort eine Punktwolke aus. Entspricht die bei der Bildaufnahme vorhandene spektrale Zusammensetzung der Beleuchtung dem mittleren Tageslicht D_{65}, so ergibt sich eine Punktwolke, die senkrecht im Farbraum steht und diesen daher optimal ausnutzt. Abweichungen in der Beleuchtung führen dagegen zu einer Auslenkung der Punktwolke aus der WS-Achse. Ist eine übersteuerungsfreie Bildaufnahme sichergestellt, so muß die Punktwolke ferner gegenüber einer nicht ausgelenkten Punktwolke gestaucht sein. Für jede ausgelenkte Punktwolke läßt sich z. B. über eine Karhunen-Loève-Transformation eine ausgezeichnete Achse bestimmen. Wird diese in die WS-Achse überführt, so erhält man eine referenzfreie automatische Farbumstimmung des Bildes. Wird weiterhin eine Dynamikanpassung der gestauchten Punktwolke durchgeführt, so ergibt sich eine näherungsweise farbkonstante Darstellung des Ausgangsbildes. Eine detaillierte Darstellung des Adaptationsprozesses findet sich in [89, 88]. Das Verfahren wird in der vorliegenden Arbeit verwendet, wenn kritische Beleuchtungsänderungen innerhalb von Bildsequenzen auftreten, die eine Farbumstimmung erfordern.

3.4 Zusammenfassung

In diesem Kapitel wird eine Einführung in die Farbproblematik der Bildverarbeitung gegeben. Motiviert durch die hohe Leistungsfähigkeit biologischer Systeme zur Farbwahrnehmung werden Konzepte der biologischen Verarbeitung von Farbreizen zur Ableitung technischer Repräsentationen der Farbinformation genutzt.

Ausgehend vom physikalischen Farbreiz, der in Form einer spektralen Energieverteilung vorliegt, werden dazu zunächst die biologischen und theoretischen Grundlagen am Beispiel der menschlichen Farbwahrnehmung vorgestellt. Es wird gezeigt, daß Farbe bedingt durch das vorhandene Rezeptorsystem als dreidimensionale Größe wahrgenommen wird. Das kontinuierliche Energiespektrum wird in ein dreidimensionales Signal abgebildet. Damit ist eine enorme Datenreduktion verbunden.

Das Farbsignal wechselt auf seinem Weg innerhalb des visuellen Systems mehrmals die zugrundeliegende Repräsentationsform. Die jeweiligen Repräsentationsformen sind zur Interpretation unterschiedlicher Phänomene der Farbwahrnehmung geeignet. Beispiele hierfür sind die trichromatische Beschreibungsform auf Rezeptorebene, sowie die Gegenfarbdarstellung in frühen Stufen der visuellen Verarbeitung. Als besondere Leistung des visuellen Systems, die allerdings noch nicht ausreichend physiologisch untersucht ist, wird die Fähigkeit zur Farbkonstanz erläutert.

Die Erkenntnisse über die Funktionsweise des visuellen Systems motivieren auch in technischen Anwendungen die Nutzung unterschiedlicher, an die jeweilige Aufgabenstellung angepaßter, Farbbeschreibungen. Der dritte Abschnitt dieses Kapitels liefert daher eine Übersicht über gängige Farbräume im Bereich der Bildverarbeitung. Es wird eine Einteilung in psychophysische Farbräume und abgeleitete Farbräume vorgenommen. Psychophysische Farbräume basieren unmittelbar auf der Auswertung psychophysischer Farbmischexperimente und sind von großer Relevanz im Bereich der eindeutigen Spezifikation von Farbwerten. Sie bilden die Grundlage für die Definition sogenannter abgeleiteter Farbräume, die im Bereich der Bildverarbeitung eingesetzt werden.

Im Verlauf dieser Arbeit werden zur Repräsentation der Farbbilder neben dem hardwarenahen RGB-Farbraum der HSV-Raum, der CIE-$L^*u^*v^*$-Raum sowie der physiologische Farbraum nach POMIERSKI betrachtet. Ihre Spezifikation wird daher im letzten Teil dieses Kapitels ausführlich beschrieben. Eine Entscheidung zugunsten eines speziellen Farbraums erfolgt experimentell durch einen Vergleich der unterschiedlichen Farbbeschreibungen anhand der jeweils vorliegenden Anwendung.

Das folgende Kapitel befaßt sich mit der initialen Segmentierung von Farbbildern. Es wird gezeigt werden, daß für diese Aufgabenstellung eine Repräsentation der Farbwerte im $L^*u^*v^*$-Farbraum besonders geeignet ist.

Kapitel 4

Initiale Segmentierung von Farbbildern

Ein zentraler Bestandteil des in der vorliegenden Arbeit entwickelten Systems zur Objekterkennung ist die initiale Segmentierung (s. auch Kapitel 2). Sie dient als Vorverarbeitungsstufe der anschließenden Objektklassifikation und hat die Aufgabe, Objekthypothesen zu generieren, d. h. Bildbereiche zu selektieren, die Objekte der gesuchten Objektklassen enthalten können.

Abhängig von der gegebenen Aufgabenstellung werden zur Realisierung einer initialen Segmentierung zwei unterschiedliche Ansätze verfolgt. Der allgemeinere Ansatz hat eine Gliederung des Bildes in die unterschiedlichen in der Szene enthaltenen Objekte bzw. Objektteile zum Ziel. Als Resultat liegt ein Indexbild vor, in dem Bildpunkte, die zu einem Objekt gehören, durch einen eindeutigen gemeinsamen Index gekennzeichnet werden. Der zweite Ansatz kann als Spezialfall des allgemeinen Ansatzes betrachtet werden. Hier wird eine Gliederung des Bildes in Objekt- und Hintergrundbereiche angestrebt. Dementsprechend liegt als Resultat ein Binärbild vor, das die Zugehörigkeit von Bildpunkten zu Objekten oder zum Hintergrund kodiert. Dieser Ansatz wird verwendet, wenn eine Objekterkennung nur für eine oder wenige Objektklassen durchgeführt werden soll. Alle anderen im Bild vorkommenden Objektklassen werden dann als Hintergrund und damit für eine weitere Verarbeitung uninteressant gekennzeichnet. Diese Annahme ist für die Aufgabenstellung dieser Arbeit, die eine Objekterkennung aller in der Szene enthaltenen Objekte zum Ziel hat, nicht gültig. Aus diesem Grund wird im folgenden der allgemeine Ansatz verfolgt.

In diesem Kapitel wird ein Verfahren zur initialen Segmentierung von Farbbildern entwickelt, das auf der Verwendung selbstorganisierender neuronaler Netze basiert. Diese stellen eine spezielle Variante von Vektorquantisierungsverfahren dar und zeichnen sich durch ein gutes Konvergenzverhalten und einen geringen Rekonstruktionsfehler bzw. durch eine gute Adaptationsfähigkeit an nicht stationäre Signalverteilungen gegenüber anderen Verfahren aus. Sie werden in dieser Arbeit erstmalig zum Zweck der Bildsegmentierung eingesetzt. Von zentraler Bedeutung für die Qualität der Segmentierungsergebnisse erweist sich die verwendete Datenrepräsentation sowie das verwendete Abstandsmaß. Aus diesem Grund werden in der vorliegenden Arbeit zunächst umfangreiche Vergleiche unterschiedlicher Repräsentationsformen von Farbsignalen, basierend auf den in Kapitel 3 vorgestellten Farbräumen, durchgeführt. Darauf aufbauend werden verschiedene Ansätze zur Erweiterung der bisher rein farbbasierten Auswertung der Bildinformation um ortsbasierte Komponenten entwickelt. Es wird gezeigt, daß damit eine deutliche Verbesserung der Qualität der Segmentierungsergebnisse erzielt werden kann. Als Resultat liegt ein Verfahren vor, welches die im Rahmen dieser Arbeit geforderte initiale Segmentierung robust und erfolgreich löst und die Grundlage für die in Kapitel 5 durchgeführte Klassifikation bildet.

Einleitend werden in den Abschnitten 4.1 bis 4.3 des vorliegenden Kapitels die grundlegenden Aspekte der initialen Segmentierung von Farbbildern vorgestellt und diskutiert. Dies umfaßt neben einer Einführung in die der Bildsegmentierung zugrundeliegende Cluster-Analyse (Abschnitt 4.1) die Einordnung der verwendeten Verfahren in bestehende Konzepte anhand eines Literaturüberblicks (Abschnitt 4.2) sowie die Festlegung der Notation und die Präsentation eines Standardverfahrens (Abschnitt 4.3). Daraufhin werden die im Rahmen dieser Arbeit zur Segmentierung verwendeten selbstorganisierenden neuronalen Netze, das *neural gas* Verfahren sowie das *growing neural gas* Verfahren vorgestellt und diskutiert (Abschnitt 4.4). Der Einfluß der verwendeten Signalrepräsentation und des Abstandsmaßes auf die Qualität der Segmentierungsergebnisse wird in Abschnitt 4.5 erläutert, anhand von Beispielbildern demonstriert und zur Identifikation von zur initialen Segmentierung geeigneten Komponenten verwendet. Aufbauend auf diesen Ergebnissen folgt als zentraler Bestandteil des vorliegenden Kapitels die Entwicklung neuer Maße und Methoden zur weiteren Erhöhung der Segmentierungsgüte. Die zugrundeliegende Idee ist, die bisher rein farbbasierte Auswertung der Bildinformation um ortsbasierte Komponenten zu erweitern. Dazu werden in den Abschnitten 4.6 bis 4.8 drei verschiedene Ansätze entwickelt und anhand von Beispielbildern mit dem Ausgangsverfahren sowie untereinander verglichen. Als Ergebnis liegt jeweils eine deutliche Verbesserung der Qualität der Segmentierungsergebnisse vor, wobei ein Verfahren anhand der Anforderungen nachfolgender Verarbeitungsstufen als besonders geeignet spezifiziert werden kann. Das Kapitel schließt mit einer Zusammenfassung in Abschnitt 4.9.

4.1 Einführung in die Cluster-Analyse

Das Ziel von Verfahren zur Bildsegmentierung ist die Aufteilung des Bildes in visuell unterschiedliche Regionen, die in Bezug auf gewisse Eigenschaften, wie z. B. Grauwert, Farbe oder Textur homogen sind. Sie basieren auf der Annahme, daß benachbarte Bildpunkte mit ähnlichen visuellen Eigenschaften Bestandteile desselben Objektes bzw. Objektteiles sind. Im Bereich der Bildverarbeitung existiert eine Vielzahl an Verfahren, die eine initiale Segmentierung leisten [40]. Einen Überblick über Ansätze aus dem Bereich der Farbbildverarbeitung findet man in [98].

Als besonders relevant für die Segmentierung von Farbbildern haben sich Verfahren erwiesen, die eine Gruppierung der Bilddaten aufgrund einer Analyse der Datenverteilung im Merkmalraum durchführen. Derartige Verfahren werden als *Clustering*-Verfahren bezeichnet. Abbildung 4.1 zeigt schematisch eine mögliche Verteilung der Daten in einem zweidimensionalen, von den Merkmalen v_1 und v_2 aufgespannten Merkmalraum. Cluster zeichnen sich durch eine gegenüber ihrer Umgebung erhöhte Datendichte aus. Ziel von Verfahren der Cluster-Analyse ist daher die Detektion der Orte hoher Merkmaldichten und ihre gegenseitige Abgrenzung. Allen Bildpunkten, die sich innerhalb eines Clusters befinden, wird ein gemeinsamer, diesen Cluster repräsentierender Indexwert zugewiesen. Benachbarte Bildpunkte gleicher Indexwerte werden zu Regionen zusammengefaßt und bilden damit eine Bildsegmentierung. Betrachtet man zunächst die Verteilung aller Punkte

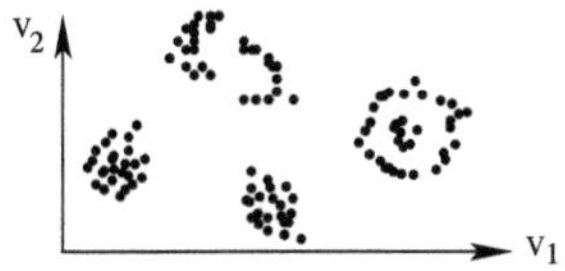

Abbildung 4.1: Datenverteilung in einem zweidimensionalen Merkmalraum mit Ausbildung von Clustern.

eines Grauwertbildes, so ergibt eine Datenanalyse bedingt durch große Varianzen im Helligkeitssignal und die niederdimensionale Beschreibungsform i. a. eine schlechte Korrespondenz von Clustern zu Objekten. Durch die Erhöhung der Dimension des Datenraums, die bei der Verwendung des dreidimensionalen Farbsignals vorliegt, wird die Separierbarkeit der Daten verbessert. Farbcluster korrespondieren häufig mit Objekten bzw. Objektteilen. Durch Wahl geeigneter Farbräume und -metriken kann ferner die Ausbildung von Clustern im Datenraum beeinflußt und so gefördert werden.

Formell kann die Aufgabenstellung der Cluster-Analyse folgendermaßen formuliert werden:

> Seien N Muster $\{\boldsymbol{v}_1, \ldots, \boldsymbol{v}_N\}$ eines D-dimensionalen Raumes $\mathbb{R}^D$ gegeben, bestimme eine Aufteilung der Muster in K Gruppen ($\widehat{=}$ Cluster) derart, daß die Muster einer Gruppe sich untereinander ähnlicher sind als die Muster unterschiedlicher Gruppen.

Der Wert K kann dabei vorgegeben werden oder nicht. Die Aufteilung der Muster wird durch ein Cluster-Kriterium gesteuert.

Die Schwierigkeit bei der Wahl des Cluster-Kriteriums liegt darin, die intuitive Vorstellung von Clustern in eine mathematische Formulierung umzusetzen. Cluster-Kriterien hängen stark von den relevanten Problemparametern ab. Sie müssen einerseits berechenbar und daher einfach sein, andererseits aber ausreichend komplex, um unterschiedliche Datenstrukturen erfassen zu können. Cluster können beliebige Formen und Größen annehmen und sind immer im Kontext einer speziellen Aufgabenstellung zu betrachten. Diese legt beispielsweise fest, ob in Abbildung 4.1 eine Aufteilung in vier oder sechs oder auch eine andere Anzahl Cluster sinnvoll ist. Ein Cluster-Kriterium zwingt den Daten immer eine bestimmte Struktur auf, und nur wenn diese mit der den Daten zugrundeliegenden

Struktur übereinstimmt, werden die aufgabenabhängig definierten, „wahren" Cluster entdeckt.

Man unterscheidet globale und lokale Kriterien. Werden Cluster durch einen Prototypen repräsentiert und die Muster jeweils dem Cluster mit dem ähnlichsten Prototypen zugeordnet, so spricht man von einem globalen Kriterium. Dagegen bildet ein lokales Kriterium Cluster unter Berücksichtigung der lokalen Struktur innerhalb der Daten aus. Beispielsweise werden Bereiche minimaler Merkmaldichten als Cluster-Grenzen definiert.

Wird eine Cluster-Analyse mit dem Ziel der Bildsegmentierung durchgeführt, so handelt es sich bei den Mustern $\boldsymbol{v}_n$, $n \in \{1, \ldots, N\}$, um die Merkmalvektoren der einzelnen Bildpunkte, wobei N der Anzahl der Bildpunkte entspricht. Betrachtet man weiterhin die Segmentierung von Farbbildern, so kann für die Muster $\boldsymbol{v}_n$ beispielsweise gelten $\boldsymbol{v}_n \in \mathbb{F}^3$, wobei $\mathbb{F}^3 \subset \mathbb{R}^3$ einer der in Kapitel 3 spezifizierten Farbräume ist. Der folgende Abschnitt gibt einen Überblick über Arbeiten, die Clustering-Verfahren zur Segmentierung von Farbbildern nutzen.

4.2 Literaturüberblick

Der überwiegende Anteil von Arbeiten zur Segmentierung von Farbbildern basiert auf der Verwendung lokaler Cluster-Kriterien. Verfahren zur lokalen Cluster-Analyse bilden Cluster unter Berücksichtigung der lokalen Struktur innerhalb der Daten aus. Als Cluster-Zentren werden die Moden der untersuchten Verteilungsdichte, d. h. die Orte lokal maximaler Merkmaldichten definiert. Bereiche minimaler Merkmaldichten legen Cluster-Grenzen fest. Die Aufgabe von Verfahren zur lokalen Cluster-Analyse liegt daher in der Schätzung der Verteilungsdichte der Merkmale. Ist diese bekannt, so kann eine Unterteilung des Merkmalraumes in Cluster durchgeführt werden.

Es existieren unterschiedliche Ansätze zur Bestimmung der Verteilungsdichte der Merkmale. Histogrammbasierte Ansätze unterteilen den Datenraum in Bereiche und schätzen die Verteilungsdichte anhand der Anzahl der Datenpunkte, die in die einzelnen Bereiche fallen. Die Anzahl der Muster, die für eine zuverlässige histogrammbasierte Schätzung der Verteilungsdichtefunktion erforderlich ist, steigt mit der Dimensionalität des Merkmalraums stark an. Aus diesem Grund sind Histogramme als Basis bei der Bestimmung der Moden mehrdimensionaler Verteilungsdichten wenig verbreitet. In der Praxis erfolgt daher anstelle der Analyse mehrdimensionaler Verteilungsdichten oft eine Analyse mehrerer eindimensionaler Verteilungsdichten (s. u.). Dies ist im Falle korrelierter Daten sehr ungenau, erweist sich aber bei einigen Anwendungen als praktikabel.

Traditionelle Cluster-Techniken zur Analyse mehrdimensionaler Merkmalräume beinhalten Dichteschätzungen über kernelbasierte Verfahren und k-Nächste-Nachbarn-Ansätze, Methoden aus dem Bereich der Graphen-Theorie sowie damit eng zusammenhängend Verfahren auf der Basis von Nächste-Nachbarn-Zuordnungen. Gute Zusammenstellungen dieser Verfahren finden sich in [50] und [11].

Im Bereich der Segmentierung von Farbbildern wird überwiegend ein histogrammbasierter Ansatz zur Schätzung der Verteilungsdichtefunktion verwendet. Dabei wird —

wie oben bereits eingeführt — eine Dimensionsreduktion durchgeführt und anstelle einer Analyse der dreidimensionalen Verteilungsdichte eine Analyse mehrerer eindimensionaler Verteilungsdichten betrachtet. Ein sehr verbreitetes Verfahren zur Detektion von Clustern in Farbbildern wurde von OHLANDER, PRICE und REDDY [84] vorgestellt. Sie werten die Histogramme von neun Farbmerkmalen aus. Der ausgeprägteste Peak in einem der Histogramme wird bestimmt und beidseitig durch Schwellwerte von benachbarten Peaks separiert. Die Bildpunkte werden dadurch in zwei Regionen aufgeteilt, je nachdem ob sie innerhalb oder außerhalb des konstruierten Intervalls liegen. Durch die rekursive Anwendung dieses Verfahrens auf die entstehenden Teilregionen wird sukzessive versucht, die größten Regionen zu isolieren und zu entfernen. Dadurch sollen vorher verdeckte Peaks deutlich gemacht und so auch kleine Regionen detektiert werden. OTHA ET AL. führten diesen Ansatz fort und reduzierten die Anzahl der Farbmerkmale anhand einer Karhunen-Loève-Transformation auf drei [86]. Ähnliche Ansätze verfolgen auch TOMINAGA [102] und CELENK [16]. Neu ist dabei die Wahl des Farbraums. Beide arbeiten im wahrnehmungsmäßig gleichabständigen Farbraum CIE-$L^*a^*b^*$ [25].

Durch die Separierung der ursprünglich dreidimensionalen Verteilungsdichte der Farbmerkmale in drei oder mehr eindimensionale Histogramme bleibt ein Großteil der Information, die die dreidimensionale Verteilungsdichte bietet, ungenutzt. HOLLA [45] führt daher eine Dimensionserhöhung durch und bestimmt Peaks und Täler eines zweidimensionalen Histogramms, dessen Achsen von den Komplementärfarbenpaaren Rot-Grün und Gelb-Blau aufgespannt werden. Wie im eindimensionalen Fall werden den Bildpunkten auch hier die ihrer Lage im Histogramm entsprechenden Indizes zugeordnet. STEIN und REIMERS [100] erweitern diesen Ansatz um einen heuristischen Prozeß, der die Zuweisung der Bildpunkte zu den Bildregionen um eine ortsabhängige Komponente ergänzt.

COMANICIU und MEER stellen ein Verfahren zur robusten Analyse mehrdimensionaler Merkmalräume am Beispiel der Segmentierung von Farbbildern vor [17]. Sie detektieren die Moden einer dreidimensionalen Farbverteilung im $L^*u^*v^*$-Farbraum auf der Basis des *mean shift* Algorithmus, eines effizienten Verfahrens zur nichtparametrischen Schätzung von Dichtegradienten. Die Zuordnung der einzelnen Bildpunkte zu den ermittelten Moden erfolgt dabei nicht über die Festlegung von Bereichsgrenzen im Merkmalraum (wie z. B. die Bereiche geringer Dichte), sondern über einen heuristischen Ansatz, der die Position der Punkte im Bild berücksichtigt. Daher handelt es sich im strengen Sinne um kein rein lokales Clustering-Verfahren. Eine Weiterentwicklung dieses Ansatzes ersetzt die verwendete Heuristik durch eine k-Nächste-Nachbarn Zuordnung [18].

Alle bisher vorgestellten Verfahren legen ein lokales Cluster-Kriterium zugrunde. Dabei wird in einem iterativen Verfahren eine Aufteilung des Farbraumes in Bereiche erzielt, die sich durch hohe Merkmaldichten im Inneren und niedrige Merkmaldichten an ihren Rändern auszeichnen. Durch die Verwendung lokaler Cluster-Kriterien findet keine Einschränkung bezüglich der Form und Größe der zu detektierenden Cluster statt. Allerdings stellt die Auflösung (Größe der Intervalle bei der Histogrammbildung, Kernelgröße bei kernelbasierten Ansätzen, Anzahl k beim k-Nächste-Nachbarn Ansatz) einen wichtigen Parameter der Verfahren dar, der die Schätzgüte der Verteilungsdichte und damit die

Cluster-Bildung entscheidend beeinflußt. Die Berücksichtigung der lokalen Struktur innerhalb der Daten und die iterativen Auswertetechniken, die zur Bestimmung verdeckter Peaks erforderlich sind, erfordern einen hohen Rechenaufwand und begrenzen daher die möglichen Einsatzgebiete dieser Verfahren. Eine Alternative stellen Verfahren zur globalen Cluster-Analyse dar.

Ziel der globalen Cluster-Analyse ist die Verteilung einer bestimmten Anzahl an Referenzvektoren im Eingangsdatenraum derart, daß ein festgelegtes Qualitätskriterium erfüllt wird. Als Kriterium wird häufig der quadratische Fehler betrachtet [50]. Die Referenzvektoren stellen Prototypen der einzelnen Cluster dar, die Ähnlichkeit der Bildpunkte zu den Prototypen bestimmt ihre Zuordnung zu den Clustern. Die Menge der Referenzvektoren wird auch als *Kodebuch* bezeichnet. Ansätze, die auf einem globalen Cluster-Kriterium basieren, sind unter dem Begriff Vektorquantisierungsverfahren bekannt.

Vektorquantisierungsverfahren sind ursprünglich für Anwendungen zur Datenkompression entwickelt worden, um beispielsweise die Datenübertragungsraten bei begrenzter Bandbreite zu optimieren. Als Qualitätskriterium ist dabei z. B. im Fall von Bilddaten die visuelle Qualität des komprimierten Bildes maßgeblich. Erst in letzter Zeit haben Vektorquantisierungsverfahren auch in anderen Anwendungsbereichen wie z. B. der Analyse von Sprach- und Bilddaten Einsatz gefunden.

Zur Segmentierung von Farbbildern werden vor allem Varianten des *k-means* oder LBG-Algorithmus, einem Standardverfahren im Bereich der Vektorquantisierung, genutzt [67, 62]. So verwenden CAMPBELL ET AL. den LBG-Algorithmus als Vorverarbeitungsschritt zur Bildaufteilung in Regionen im Rahmen ihrer Arbeiten zur regionenbasierten Suche in Datenbanken [14]. LIM und LEE nutzen eine unscharfe Variante des *k-means* Verfahrens, das unter dem Namen Fuzzy-*k-means* bekannt ist, zur Segmentierung von Farbbildern [61, 23].

In der vorliegenden Arbeit werden erstmals selbstorganisierende neuronale Netze vom Typ des *neural gas* und des *growing neural gas* Algorithmus zur Segmentierung von Farbbildern eingesetzt. Sie stellen eine spezielle Variante von Vektorquantisierungsverfahren dar. Im folgenden Abschnitt wird daher zunächst eine Einführung in die Notation der Vektorquantisierung gegeben und mit dem *k-means* Algorithmus ein Standardverfahren vorgestellt.

4.3 Notation und Standardverfahren

Mit Hilfe der Vektorquantisierung wird versucht, einen endlichen Satz von Referenzvektoren $\boldsymbol{w} = \{\boldsymbol{w}_k\}$ mit $k = 1, \ldots, K$ und $\boldsymbol{w}_k \in \mathbb{R}^D$ derart zu finden, daß diese einen Raum $V \subseteq \mathbb{R}^D$, der durch Datenvektoren $\boldsymbol{v}$ mit $\boldsymbol{v} \in V$ gegeben ist, bestmöglich repräsentieren. Jede Zuordnung zwischen einem Datenvektor $\boldsymbol{v}$ und einem Referenzvektor $\boldsymbol{w}$ wird anhand eines Abstandsmaßes $d(\boldsymbol{v}, \boldsymbol{w})$ bewertet. Dem Datenvektor $\boldsymbol{v}$ wird derjenige Referenzvektor $\boldsymbol{w}_{k(\boldsymbol{v})}$ zugeordnet, dessen Abstand $d(\boldsymbol{v}, \boldsymbol{w}_{k(\boldsymbol{v})})$ zu $\boldsymbol{v}$ minimal ist:

$$d(\boldsymbol{v}, \boldsymbol{w}_{k(\boldsymbol{v})}) \leq d(\boldsymbol{v}, \boldsymbol{w}_l) \qquad \forall l. \tag{4.1}$$

Durch dieses Vorgehen wird V in Bereiche

$$V_k = \{\boldsymbol{v} \in V \mid d(\boldsymbol{v}, \boldsymbol{w}_k) \leq d(\boldsymbol{v}, \boldsymbol{w}_l) \quad \forall l\}, \tag{4.2}$$

die Voronoi-Gebiete, unterteilt. Jedes dieser Voronoi-Gebiete V_k ist durch einen Referenzvektor $\boldsymbol{w}_k$ und die ihm zugeordneten Datenvektoren $\boldsymbol{v}$ charakterisiert.

Sind die Datenvektoren $\boldsymbol{v}$ entsprechend einer Dichte $p(\boldsymbol{v})$ in V verteilt, so gilt für den Erwartungswert des Rekonstruktionsfehlers

$$E_K(p(\boldsymbol{v}), \boldsymbol{w}) = \int_V d(\boldsymbol{v}, \boldsymbol{w}_{k(\boldsymbol{v})}) p(\boldsymbol{v}) \, \mathrm{d}\boldsymbol{v}. \tag{4.3}$$

Oftmals ist die Dichte $p(\boldsymbol{v})$ unbekannt. Stattdessen liegt eine endliche Anzahl an Datenvektoren $\boldsymbol{v}_n$ mit $n = 1, \ldots, N$ vor. In diesem Fall gilt für den Rekonstruktionsfehler

$$E_K(\boldsymbol{v}, \boldsymbol{w}) = \sum_{n=1}^{N} d(\boldsymbol{v}_n, \boldsymbol{w}_{k(\boldsymbol{v}_n)}). \tag{4.4}$$

Das Ziel von Vektorquantisierungsverfahren ist es, die Referenzvektoren so zu bestimmen, daß der Rekonstruktionsfehler bzw. sein Erwartungswert minimal wird.

Ist ein Cluster-Kriterium festgelegt, kann die Aufgabe der Vektorquantisierung als kombinatorisches Optimierungsproblem formuliert werden: Aus der Menge aller möglichen Aufteilungen des Merkmalraumes in K Cluster ist diejenige optimal, die das Cluster-Kriterium optimiert, d. h. die ein dem Cluster-Kriterium entsprechendes Fehlerkriterium minimiert. Theoretisch kann das Cluster-Kriterium für alle Aufteilungen ausgewertet werden. Die Anzahl der Aufteilungen S skaliert mit der Anzahl der Muster N und der Anzahl der Cluster K entsprechend

$$S(N,K) = \frac{1}{K!} \sum_{i=1}^{K} (-1)^{K-i} \binom{K}{i} i^N.$$

Beispielsweise existieren für eine Aufteilung von 10 Mustern in 4 Cluster 34 105 Möglichkeiten. Bei einer Aufteilung von 16 Mustern in 4 Cluster erhöht sich diese Anzahl bereits auf 171 798 900. Steigt die Musteranzahl weiter, so ist eine vollständige Suche schnell nicht mehr handhabbar. In diesem Fall muß nach Verfahren gesucht werden, die eine effiziente und gerichtete Suche nach dem globalen Minimum der aus dem Cluster-Kriterium berechenbaren Fehlerfläche ermöglichen. Da die Fehlerfläche i. a. nicht konvex sein wird, existieren neben dem globalen Minimum auch lokale Minima, die bei der Auswahl der Suchstrategie berücksichtigt werden müssen.

Im Bereich der Mustererkennung sind viele Algorithmen entwickelt worden, die die Anordnung der Referenzvektoren bestimmen [32, 50]. Die meisten basieren auf dem *k-means* oder LBG-Algorithmus [67, 62]. Ausgehend von einem initialen Kodebuch werden zunächst alle Datenpunkte ihrem nächsten Referenzvektor zugewiesen. Im folgenden

Schritt werden die Referenzvektoren durch den Mittelwert der ihnen zugeordneten Datenpunkte ersetzt. Wird dieser Vorgang wiederholt, so stellt die iterative Anpassung der Referenzvektoren an die Datenpunkte die Konvergenz des Verfahrens in ein lokales Optimum sicher [32]. Ein typischer Vertreter des *k-means* Algorithmus ist im folgenden Diagramm (Algorithmus 1) dargestellt. Um einen besseren Vergleich mit weiteren im Verlauf dieses Kapitels eingeführten Algorithmen zu ermöglichen, handelt es sich um eine *online* Version des Algorithmus. Dabei ist anstelle der Wahrscheinlichkeitsdichte $p(\boldsymbol{v})$ eine Sequenz von Datenvektoren $\boldsymbol{v}_n$ gegeben, die entsprechend $p(\boldsymbol{v})$ erzeugt werden. Die Anzahl

Algorithmus 1 — *k-means* Verfahren (Online-Version).

Initialisiere die Parameter, setze die Zählvariable $t = 0$

Lege die Anzahl der Referenzvektoren K fest

Initialisiere die Referenzvektoren $\boldsymbol{w}_k^{(0)}$ $k \in \{1, \dots, K\}$

Endkriterium noch nicht erreicht?

> Wähle einen Datenvektor $\boldsymbol{v}$ zufällig aus
>
> Bestimme den Referenzvektor $\boldsymbol{w}_{i_1}^{(t)}$, der dem Datenvektor am nächsten ist:
>
> $$d(\boldsymbol{v}, \boldsymbol{w}_{i_1}^{(t)}) \leq d(\boldsymbol{v}, \boldsymbol{w}_k^{(t)})\ \forall k \tag{4.5}$$
>
> Adaptiere die Referenzvektoren:
>
> $$\boldsymbol{w}_k^{(t+1)} = \boldsymbol{w}_k^{(t)} + \epsilon^{(t)} \delta(i_1 - k)(\boldsymbol{v} - \boldsymbol{w}_k) \tag{4.6}$$
>
> Erhöhe die Zählvariable t um Eins

K und Werte $\boldsymbol{w}_k, k \in \{1, \dots, K\}$, der Referenzvektoren werden zunächst initial festgelegt. Daraufhin werden in einem iterativen Prozeß die initialen Werte der Referenzvektoren geändert, bis ein Endkriterium erfüllt ist. Es wird jeweils der dem momentan präsentierten Datenvektor $\boldsymbol{v}$ ähnlichste Referenzvektor adaptiert (s. Gleichung (4.6), $\delta(x)$ stellt dabei das Kronecker-Delta dar). Die Adaptationsstärke wird über die Lernrate $\epsilon^{(t)}$ bestimmt. Um die Adaptivität des Verfahrens zu gewährleisten, wird $\epsilon^{(t)}$ oft konstant gehalten, d. h. $\epsilon^{(t)} = \epsilon$. Demgegenüber kann eine zeitabhängige Lernrate genutzt werden, um die sich ergebende Verteilung der Referenzvektoren zu stabilisieren. Dazu muß die Lernrate den

Bedingungen

$$\lim_{t\to\infty} \epsilon^{(t)} = 0 \tag{4.7}$$

$$\sum_{t=0}^{\infty} \epsilon^{(t)} = \infty \tag{4.8}$$

$$\sum_{t=0}^{\infty} (\epsilon^{(t)})^2 < \infty. \tag{4.9}$$

genügen [87]. In diesem Fall kann die Konvergenz des Verfahrens gezeigt werden, man spricht von einer stochastischen Approximation. Die erzeugten Referenzvektoren korrespondieren mit einem Minimum der Fehlerfunktion. Ist die Fehlerfunktion nicht konvex, so handelt es sich bei der gefundenen Lösung u. U. nicht um das globale Minimum und damit um eine suboptimale Lösung.

Um die Problematik mit suboptimalen Lösungen zu vermeiden, wird der Adaptationsprozeß häufig über eine sogenannte *soft-max* Adaptationsregel gesteuert. Dabei werden anders als in (4.6) neben dem dem präsentierten Datenvektor ähnlichsten Referenzvektor auch weitere Referenzvektoren adaptiert. Ein Beispiel hierfür stellt der *maximum-entropy* Ansatz von ROSE et al. dar [96]. Hier werden die Referenzvektoren abhängig von ihrem Abstand zum präsentierten Datenvektor adaptiert.

Ein kritischer Punkt ist die initiale Bestimmung der Anzahl an Referenzvektoren. Abhängig von der Datenverteilung kann eine sehr unterschiedliche Anzahl an Referenzvektoren geeignet sein. Viele Vektorquantisierungsverfahren benötigen die Anzahl der Referenzvektoren als Eingabe. Stellt sich das Cluster-Ergebnis als unzureichend heraus, muß ein neuer Verfahrensdurchlauf gestartet werden. BISCHOF, LEONARDIS und SELB schlagen die Nutzung des *Minimum Description Length* Prinzips vor, um eine optimale Anzahl an Referenzvektoren zu bestimmen [10].

Eine Alternative zu herkömmlichen Vektorquantisierungsverfahren, die zumeist Varianten des *k-means* Algorithmus darstellen, sind selbstorganisierende neuronale Netze. Gegenüber herkömmlichen Vektorquantisierungsverfahren haben sie den Vorteil, daß sie als globale Optimierungsverfahren eingesetzt werden können und daher insbesondere unabhängig gegenüber der initialen Belegung der Referenzvektoren sind. Sie lassen sich in das Konzept der *soft-max* Adaptation einordnen, bei dem neben dem Referenzvektor, der dem präsentierten Datenvektor am ähnlichsten ist, auch weitere Referenzvektoren adaptiert werden. Der Adaptationsprozeß wird über die Einführung von Nachbarschaften gesteuert. Diese können sowohl im Raum der Eingangsdaten als auch im Raum der Referenzvektoren definiert sein.

Selbstorganisierende neuronale Netze existieren in verschiedenen Varianten [71, 29, 56, 27]. Einzelne Verfahren unterscheiden sich hinsichtlich ihrer Lernregel sowie der Netzstruktur und finden in unterschiedlichen Anwendungsgebieten Einsatz. Zum Zweck der Vektorquantisierung ist die Verwendung einer variablen Netzstruktur vorteilhaft um sicherzustellen, daß die Verteilung der Eingangsdaten ohne Verletzung der Nachbarschaftsverhältnisse auf den Raum der Referenzvektoren abgebildet werden kann[1]. Mit dem *neural gas* sowie dem darauf aufbauenden *growing neural gas* Verfahren stehen zwei Verfahren zur Verfügung, die diese Eigenschaft erfüllen. Die Verfahren werden im folgenden Abschnitt vorgestellt, hinsichtlich ihrer Eigenschaften miteinander verglichen und zu einem Gesamtverfahren kombiniert. Dieses wird daraufhin für einen Einsatz in der Bildverarbeitung, speziell der initialen Segmentierung, erweitert und angepaßt. Die Arbeit zeigt, daß sich neben der Einbeziehung von Ortsinformation in die zugrundeliegende Merkmalmenge sowie der Erweiterung des Abstandsmaßes insbesondere die Modifikation der Stichprobenverteilung der Trainingsdatenmenge als sehr nützlich erweist.

4.4 Selbstorganisierende neuronale Netze

4.4.1 Neural Gas

Das *neural gas* Verfahren [71, 74, 72] wurde 1992 von MARTINETZ, BERKOVICH und SCHULTEN entwickelt. Durch eine *soft-max* Adaptationsregel gelingt es, unabhängig von der initialen Belegung der Referenzvektoren, eine Konvergenz zu lokalen Minima des Fehlerfunktionals zu vermeiden. Die Bestimmung der Referenzvektoren erfolgt nach dem im folgenden Diagramm dargestellten Algorithmus 2. Jeder Referenzvektor $\boldsymbol{w}_{i_j}^{(t)}$ wird in Richtung auf den in der Iteration ausgewählten Datenvektor verschoben (s. Gleichung (4.11)). Der Grad der Korrektur richtet sich dabei nach seinem Nachbarschaftsrang r_{i_j}, der Lernrate $\epsilon^{(t)}$ sowie der Abklingkonstante $\lambda^{(t)}$. Die Besonderheit des Ansatzes liegt in der Modellierung der Adaptationsschrittweite entsprechend $\exp\left(-r_{i_j}/\lambda^{(t)}\right)$ und hier insbesondere in der Parametrisierung der Exponentialfunktion über den Nachbarschaftsrang und die Abklingkonstante. Anstelle der Verwendung expliziter Nachbarschaftsbeziehungen (s. z. B. [56]) werden hier zu jedem Iterationsschritt implizite Nachbarschaften über eine nichtlineare Transformation der Abstandswerte der Referenzvektoren zu dem Datenvektor erzeugt.

MARTINETZ ET AL. konnten zeigen, daß die Dynamik der Referenzvektoren einem stochastischen Gradientenabstieg auf der Fehlerfunktion

$$E_K^{'}(p(\boldsymbol{v}),\boldsymbol{w}) = \frac{1}{2C(\lambda)}\sum_{k=1}^{K}\int_V d(\boldsymbol{v},\boldsymbol{w}_k)\exp\left(-r_{i_k}/\lambda^{(t)}\right)p(\boldsymbol{v})\,\mathrm{d}\boldsymbol{v}. \tag{4.10}$$

entspricht, wobei $C(\lambda) = \sum_{k=1}^{K}\exp\left(-r_{i_k}/\lambda^{(t)}\right)$ einen Normierungsfaktor darstellt, der von der Abklingkonstante λ abhängt. Über λ kann die Form der Fehlerfunktion moduliert werden. Für $\lambda \to \infty$ hat die Fehlerfunktion einen parabolischen Verlauf, für $\lambda \to$

[1] Verfahren, die auf einer vorgegebenen, festen Netzstruktur operieren, kommen besonders im Bereich der Datenvisualisierung zum Einsatz. Ihr prominentester Vertreter sind KOHONENS selbstorganisierende Merkmalskarten [56].

Algorithmus 2 — *neural gas* Verfahren.

Initialisiere die Parameter, setze die Zählvariable $t = 0$

Lege die Anzahl der Referenzvektoren K fest

Initialisiere die Referenzvektoren $\boldsymbol{w}_k^{(0)}$ $k \in \{1, \ldots, K\}$

Endkriterium noch nicht erreicht?

- Wähle einen Datenvektor $\boldsymbol{v}$ zufällig aus
- Berechne die Abstände $d(\boldsymbol{v}, \boldsymbol{w}_k^{(t)}) \forall k$
- Bestimme die Indexreihenfolge $i_1, \ldots, i_K$ mit $d(\boldsymbol{v}, \boldsymbol{w}_{i_1}^{(t)}) \leq \ldots \leq d(\boldsymbol{v}, \boldsymbol{w}_{i_K}^{(t)})$ und ordne dem Referenzvektor $\boldsymbol{w}_{i_j}^{(t)}$ den Nachbarschaftsrang $r_{i_j} = j - 1$ zu.
- Adaptiere die Referenzvektoren:

$$\boldsymbol{w}_{i_j}^{(t+1)} = \boldsymbol{w}_{i_j}^{(t)} + \epsilon^{(t)} \exp\left(-\frac{r_{i_j}}{\lambda^{(t)}}\right)(\boldsymbol{v} - \boldsymbol{w}_{i_j}^{(t)}) \quad (4.11)$$

  mit

$$\lambda^{(t)} = \lambda_{\text{Start}} \left(\lambda_{\text{Stop}}/\lambda_{\text{Start}}\right)^{t/t_{\text{Max}}} \quad (4.12)$$

$$\epsilon^{(t)} = \epsilon_{\text{Start}} \left(\epsilon_{\text{Stop}}/\epsilon_{\text{Start}}\right)^{t/t_{\text{Max}}} \quad (4.13)$$

- Erhöhe die Zählvariable t um Eins

0 entspricht sie der zu optimierenden Fehlerfunktion aus Gleichung (4.3), die in der Regel mehrere lokale Minima aufweist. Während der Iteration wird — ausgehend von einem großen Startwert λ_{Start} — die Abklingkonstante sukzessive entsprechend Gleichung (4.12) verkleinert. Die lokalen Minima treten so erst nach und nach in Erscheinung, was ein „Steckenbleiben" in suboptimalen Zuständen vermeidet.

Die Adaptationsschrittweite wird weiterhin durch die Lernrate $\epsilon^{(t)}$ (s. Gleichung (4.11)) bestimmt. Ein monoton fallender Verlauf entsprechend Gleichung (4.13) stellt sicher, daß auch der dem Datenvektor am nächsten gelegene Referenzvektor um einen immer kleiner werdenden Betrag verschoben wird.

Das *neural gas* Verfahren zeichnet sich gegenüber anderen Vektorquantisierungsverfahren durch einen geringen Rekonstruktionsfehler (s. Gleichung (4.4)) bei gleichzeitig hoher Konvergenzgeschwindigkeit aus [71, 74, 72]. Diese Eigenschaften machen es für einen Einsatz im Bereich der Bildsegmentierung interessant. Es wird in der vorliegenden Arbeit erstmalig in diesem Anwendungsgebiet eingesetzt.

4.4.2 Growing Neural Gas

Der *growing neural gas* Algorithmus [29, 28, 31, 30] ähnelt in seinen Grundzügen dem oben beschriebenen *neural gas* Algorithmus und wurde 1993 von FRITZKE entwickelt. Die zugrundeliegende Idee ist, ausgehend von einer kleinen Anzahl an Referenzvektoren sukzessive neue Referenzvektoren hinzuzufügen und an die Signalverteilung zu adaptieren, bis ein vom Benutzer zu definierendes Endkriterium beispielsweise in Form eines Fehlermaßes oder der maximalen Netzgröße erreicht wird. Damit muß die Struktur des Netzes nicht im Vorfeld festgelegt werden, sondern wird automatisch durch Hinzufügen oder gelegentliches Löschen von Referenzvektoren erlernt. Die Steuerung des Wachsens und Schrumpfens der Netzstruktur erfolgt durch die Auswertung lokaler Fehlermaße, die während vorhergehender Iterationsschritte gewonnen wurden. Der Algorithmus ist als Algorithmus 3 in der folgenden Abbildung beschrieben [30]. Die Adaptationsschritte in Gleichung (4.16) und (4.17) bewirken die generelle Anpassung aller Referenzvektoren an die Signalverteilung entsprechend der *soft-max* Regel. Für die Lernraten ϵ_1 und ϵ_2 gilt $\epsilon_1 \gg \epsilon_2$, d. h. der dem Datenvektor am nächsten gelegene Referenzvektor wird um einen größeren Betrag verschoben als seine Nachbarn. Beide Lernraten sind hier konstant gewählt und ermöglichen so eine Adaptation der Referenzvektoren an nicht stationäre Signalverteilungen. Im Vergleich zu anderen Verfahren mit konstanter Lernrate können hier die Konstanten sehr klein gewählt werden: Da neue Referenzvektoren von existierenden interpoliert werden, sind sie von Anfang an auf guten Positionen und müssen nicht — wie bei anderen Verfahren — längere Strecken durch Adaptation zurücklegen.

Eine wichtige Rolle spielt im *growing neural gas* Verfahren die während des Trainings entstehende Netzstruktur, die sich in Form von Nachbarschaften zwischen den Referenzvektoren ausdrückt. Sie basiert auf einer Hebb'schen Wettbewerbslernregel [73]. Diese Lernregel verbindet nur solche Referenzvektoren miteinander, deren Voronoi-Gebiete (s. Gleichung (4.2)) benachbart sind. Zwei Voronoi-Gebiete V_i und V_j sind dann benachbart, wenn es einen Datenvektor $\boldsymbol{v}$ gibt, zu dem ihre Referenzvektoren unter allen anderen Referenzvektoren den geringsten und zweit-geringsten Abstand haben. Die algorithmische Umsetzung der Hebb'schen Wettbewerbsregel zeigt Algorithmus 4. Dabei ist zu beachten, daß die Nachbarschaften jeweils abhängig von der aktuellen Position der Referenzvektoren erzeugt werden und daher während der Trainingsphase nicht mit der als Endergebnis vorliegenden Netzstruktur korrespondieren müssen. Aus diesem Grund kann es erforderlich werden, bereits existierende Nachbarschaften zu löschen. Dies wird über die Einführung einer lokalen Zählvariable, des „Alters“ A der Nachbarschaft, erreicht. Nachbarschaften werden zwischen dem besten und zweitbesten Referenzvektor $\boldsymbol{w}_{i_1}$ und $\boldsymbol{w}_{i_2}$ aufgebaut. Das Alter dieser Nachbarschaft wird auf Null gesetzt. Alle anderen Nachbarschaften des Referenzvektors $\boldsymbol{w}_{i_1}$ altern in diesem Lernschritt um eine Einheit. Sobald eine Nachbarschaft das maximale Alter überschritten hat, wird sie entfernt. Dies passiert immer dann, wenn eine bestehende Nachbarschaft durch den Lernvorgang nicht oft genug erneuert wurde.

Ein weiterer wesentlicher Aspekt im *growing neural gas* Verfahren ist die Steuerung des Wachstumsprozesses des Netzes durch die Auswertung lokaler Fehlerinformation.

Algorithmus 3 — *growing neural gas* Verfahren.

Initialisiere die Parameter, setze die Zählvariable $t = 0$, setze die Anzahl der Referenzvektoren $K = 2$

Initialisiere die Referenzvektoren $\boldsymbol{w}_k^{(0)}$ $k \in \{1,\ldots,K\}$

Initialisiere die Nachbarschaftsmengen $L_k^{(0)}$, $k \in \{1,\ldots,K\}$ mit $\emptyset$

Initialisiere die lokalen Fehlervariablen $\mathrm{error}_k^{(0)}$, $k \in \{1,\ldots,K\}$ mit dem Wert Null

Wähle einen Datenvektor $\boldsymbol{v}$ zufällig aus

Bestimme die Referenzvektoren $\boldsymbol{w}_{i_1}^{(t)}, \boldsymbol{w}_{i_2}^{(t)}$, die dem Datenvektor am nächsten bzw. am zweitnächsten sind:

$$d(\boldsymbol{v},\boldsymbol{w}_{i_1}^{(t)}) \leq d(\boldsymbol{v},\boldsymbol{w}_k^{(t)})\ \forall k \in \{1,\ldots,K\} \tag{4.14}$$

$$d(\boldsymbol{v},\boldsymbol{w}_{i_2}^{(t)}) \leq d(\boldsymbol{v},\boldsymbol{w}_k^{(t)})\ \forall k \in \{1,\ldots,K\} \setminus \{i_1\} \tag{4.15}$$

Adaptiere den nächsten Referenzvektor und seine direkten topologischen Nachbarn:

$$\boldsymbol{w}_{i_1}^{(t+1)} = \boldsymbol{w}_{i_1}^{(t)} + \epsilon_1(\boldsymbol{v} - \boldsymbol{w}_{i_1}^{(t)}) \tag{4.16}$$

$$\boldsymbol{w}_l^{(t+1)} = \boldsymbol{w}_l^{(t)} + \epsilon_2(\boldsymbol{v} - \boldsymbol{w}_l^{(t)})\ \forall l \in L_{i_1} \tag{4.17}$$

Aktualisiere die Nachbarschaftsmengen $L_k^{(t+1)}$, $k \in \{1,\ldots,K\}$ → s. Algorithmus 4

Entferne Referenzvektoren mit leerer Nachbarschaftsmenge

Aktualisiere die lokalen Fehlervariablen $\mathrm{error}_k^{(t+1)}$, $k \in \{1,\ldots,K\}$ → s. Algorithmus 5

Füge alle t_{Step}-Zeitschritte einen neuen Referenzvektor ein → s. Algorithmus 6

Erhöhe die Zählvariable t um Eins

Endkriterium erreicht?

Diese wird entsprechend der Darstellung in Algorithmus 5 in jedem Iterationsschritt berechnet und akkumuliert. Das Fehlermaß kann problemabhängig gewählt werden. Es sollte sich dabei um ein Maß handeln, das reduziert werden soll und das in bestimmten Gebieten des Signalraumes reduziert werden kann, indem neue Referenzvektoren in genau diesen Gebieten eingefügt werden. Im einfachsten Fall handelt es sich bei dem Fehlermaß um das Abstandsmaß, welches zum Vergleich der Datenvektoren mit den Referenzvektoren verwendet wird (s. Gleichung (4.14) und (4.15)). Durch die Reduzierung der lokalen Fehlervariablen pro Iterationsschritt wird der Einfluß zeitlich nahegelegener Fehlerinformation im Vergleich zu lange zurückliegender Fehlerinformation gestärkt. Die akkumu-

Algorithmus 4 — Aktualisierung der Nachbarschaftsmengen.

Erhöhe das Alter A aller Nachbarschaften von i_1 um den Wert Eins	
Y — Existiert eine Nachbarschaft zwischen i_1 und i_2 ?	N
Setze das Alter A der Nachbarschaft zu Null	Erzeuge die Nachbarschaft: $L_{i_1}^{(t+1)} = \{L_{i_1}^{(t)}, i_2\}$, $L_{i_2}^{(t+1)} = \{L_{i_2}^{(t)}, i_1\}$
Entferne alle Nachbarschaften, die älter als A_{Max} sind.	

Algorithmus 5 — Aktualisierung des lokalen Fehlers der Referenzvektoren.

Adaptiere den lokalen Fehler des Referenzvektors $\boldsymbol{w}_{i_1}^{(t+1)}$:

$$\mathrm{error}_{i_1}^{(t+1)} = \mathrm{error}_{i_1}^{(t)} + d(\boldsymbol{v}, \boldsymbol{w}_{i_1}^{(t)}) \tag{4.18}$$

Erniedrige die lokalen Fehler aller Referenzvektoren durch Multiplikation mit einer Konstanten β, $\beta < 1$.

lierte Fehlerinformation wird dazu genutzt, Referenzvektoren zu ermitteln, die Gebiete des Signalraums nur unzureichend repräsentieren und somit einen großen Beitrag zum Gesamtfehler liefern. Um diesen Fehler zu reduzieren, werden neue Referenzvektoren — wie in Algorithmus 6 beschrieben — eingefügt. Mit dem *growing neural gas* Verfahren liegt nun neben dem *neural gas* Verfahren ein zweites Verfahren zur Durchführung einer Bildsegmentierung vor. Im folgenden Abschnitt werden die Eigenschaften der Verfahren diskutiert und ihre Bedeutung für die vorliegende Aufgabenstellung bewertet. Als Resultat wird eine Kombination der Verfahren vorgeschlagen.

4.4.3 Diskussion

Eine wesentliche Eigenschaft anhand derer die Segmentierungsergebnisse auf Basis des *neural gas* und des *growing neural gas* Algorithmus miteinander verglichen werden ist der erzielte Rekonstruktionsfehler (vgl. Gleichung (4.4)). Dieser berechnet sich aus der Summe der Merkmalabstände aller Bildpunkte zu den ihnen am nächsten gelegenen Referenzvektoren. Abbildung 4.2 zeigt den Verlauf des Rekonstruktionsfehlers bei Verwen-

Algorithmus 6 — Einfügen eines neuen Referenzvektors.

Bestimme den Index p der größten lokalen Fehlervariablen $$\text{error}_p^{(t)} \geq \text{error}_k^{(t)} \; k \in \{1,\dots,K\} \quad (4.19)$$ sowie den Index q des Referenzvektors, der innerhalb der Nachbarschaftsmenge $L_p^{(t)}$ den größten lokalen Fehler aufweist: $$\text{error}_q^{(t)} \geq \text{error}_k^{(t)} \; k,q \in L_p \quad (4.20)$$
Erzeuge einen neuen Referenzvektor mit dem Index $K+1$ aus dem Mittelwert der Referenzvektoren $\boldsymbol{w}_p$ und $\boldsymbol{w}_q$: $$\boldsymbol{w}_{K+1} = 0.5(\boldsymbol{w}_p + \boldsymbol{w}_q) \quad (4.21)$$
Nimm q und p in die Nachbarschaftsmenge von $K+1$ auf und umgekehrt. Entferne p aus der Nachbarschaftsmenge von q und umgekehrt.
Erniedrige die lokalen Fehler von p und q durch Multiplikation mit einer Konstanten α, $\alpha < 1$. Der lokale Fehler von $K+1$ wird mit dem Wert des lokalen Fehlers von q initialisiert.
Erhöhe die Anzahl der Referenzvektoren K um Eins

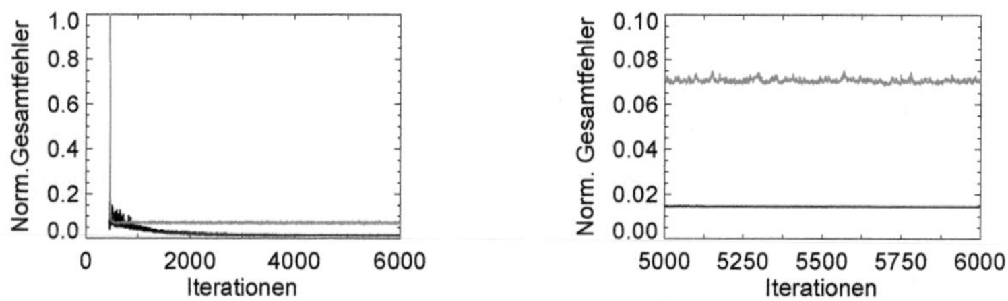

Abbildung 4.2: Rekonstruktionsfehler bei Verwendung des *neural gas* (dunkelgrau) und *growing neural gas* (hellgrau) Verfahrens zur Segmentierung eines Farbbildes. Die Fehlerwerte wurden auf den maximal auftretenden Fehlerwert normiert. Dargestellt sind die Ergebnisse bei Verwendung von jeweils 16 Referenzvektoren.

dung der beiden Verfahren zur Segmentierung eines Farbbildes in Abhängigkeit des Iterationsschrittes. Die rechte Grafik stellt dabei einen Ausschnitt des links dargestellten Gesamtverlaufs in einer höheren Auflösung dar. Beide Kurven weisen abgesehen von stochastischen Fluktuationen einen monoton fallenden Verlauf des Rekonstruktionsfehlers auf, wobei unter Verwendung des *neural gas* Verfahrens ein deutlich geringerer Wert erreicht wird. Insbesondere in der rechten Grafik ist zu erkennen, daß der Fehler bei Verwendung des *neural gas* Verfahrens gegen einen Endwert konvergiert. Dagegen zeigt der Verlauf des Fehlers bei Verwendung des *growing neural gas* Verfahrens nach einer kurzen Einschwingphase, die aus dem Aufbau der Netzstruktur zur endgültigen Netzgröße resultiert, eine gleichbleibende deutlich von Null verschiedene Schwankung um einen Mittelwert.

Die Grafiken belegen die im Zusammenhang mit dieser Arbeit wesentlichen Vorteile der beiden Verfahren: Aufgrund des geringen Rekonstruktionsfehlers ist das *neural gas* Verfahren prinzipiell für die Durchführung einer Bildsegmentierung besser geeignet und wird im folgenden für die Analyse von Einzelbildern verwendet. Werden dynamische Szenen betrachtet, so muß aufgrund der abklingenden Lernrate jedoch pro Bild ein vollständiger Verfahrensdurchlauf durchgeführt werden. Da zeitlich aufeinanderfolgende Bilder eine sehr ähnliche Signalverteilung aufweisen, ist es aus Effizienzgründen vorteilhaft, anstelle einer neuen Berechnung eine Adaptation der initial ermittelten Anordnung von Referenzvektoren vorzunehmen. Diese Möglichkeit bietet der *growing neural gas* Algorithmus. Aufgrund einer konstanten Lernrate ist er in der Lage, diesen nicht stationären Signalverteilungen zu folgen.

Aus diesem Grund wird zur Segmentierung von Bildsequenzen eine Kombination der Verfahren vorgeschlagen. Initial wird die Anordnung der Referenzvektoren mit Hilfe des *neural gas* Algorithmus bestimmt. Damit wird sichergestellt, daß initial eine Konfiguration der Referenzvektoren vorliegt, die für die gegebene Signalverteilung das Fehlerfunktional minimiert. Die Adaptivität des *growing neural gas* Verfahrens wird dann im folgenden ausgenutzt, um die einmal berechnete initiale Belegung der Referenzvektoren bei der Analyse von Bildsequenzen anzupassen.

Neben dem gewählten Segmentierungsverfahren hat die verwendete Datenrepräsentation sowie die Definition des Abstandsmaßes einen wesentlichen Einfluß auf die Qualität des Segmentierungsergebnisses. Der folgende Abschnitt gibt eine Einführung in die Thematik und spezifiziert die in dieser Arbeit verwendeten Merkmalräume und Distanzmaße.

4.5 Merkmalräume und Distanzmaße

Wird eine Bildsegmentierung auf Basis der Farbwerte durchgeführt, so muß eine Entscheidung bezüglich der Repräsentationsform der Farbwerte getroffen werden. Die Repräsentation von Farbwerten wird durch die Angabe eines Farbraumes festgelegt.

In Kapitel 3 wurde eine Auswahl technisch relevanter Farbräume vorgestellt und ihre Eigenschaften und Anwendungsgebiete diskutiert. Dort wurde verdeutlicht, daß unterschiedliche technische Anwendungen den Einsatz unterschiedlicher — problemangepaßt gewählter — Farbräume erfordern. Auch im Bereich der Segmentierung von Farbbildern kann abhängig von der Statistik des Datenraums bzw. dem verwendeten Segmentierungsverfahren die Verwendung unterschiedlicher Farbräume von Vorteil sein. Die Eignung verschiedener Farbräume zur Segmentierung von Farbbildern wurde in [86] und [92] systematisch untersucht. Allerdings wurden dort mit dem rekursiven Histogrammsplitting bzw. mit dem CSC (color structure code) Verfahren sehr spezialisierte Methoden zur Segmentierung verwendet, so daß die Ergebnisse nicht für die Verwendung von Vektorquantisierungsverfahren repräsentativ sind. Aus diesem Grund wird im folgenden der Einfluß der Datenrepräsentation auf das Segmentierungsergebnis anhand des *neural gas* Verfahrens untersucht. Die berücksichtigten Datenräume sind der RGB-Farbraum, der HSV-Farbraum, der $L^*u^*v^*$-Farbraum sowie der physiologische Farbraum. Damit wird ein Bildpunkte n alternativ entsprechend

$$\boldsymbol{v}_n = (R_n, G_n, B_n) \tag{4.22}$$

$$\boldsymbol{v}_n = (H_n, S_n, V_n) \tag{4.23}$$

$$\boldsymbol{v}_n = (\mathrm{L}_n^*, \mathrm{u}_n^*, \mathrm{v}_n^*) \tag{4.24}$$

$$\boldsymbol{v}_n = (RG_n, BY_n, WS_n) \tag{4.25}$$

repräsentiert.

Eng mit der Datenrepräsentation gekoppelt ist die Wahl des Abstandsmaßes, mit dem die Ähnlichkeit bzw. der Unterschied zweier Farbwerte bewertet wird. Als Abstandsmaß kommen häufig Varianten der Minkowski Metrik

$$d(\boldsymbol{v},\boldsymbol{w}) = \left[\sum_{j=1}^{D} |v_j - w_j|^r\right]^{1/r}, \qquad r \geq 1. \tag{4.26}$$

zum Einsatz. Der Parameter D beschreibt dabei die Dimensionalität des Signalraums und ist im vorliegenden Fall gleich drei. Neben $r = 2$ für die euklidische Distanz

$$d(\boldsymbol{v},\boldsymbol{w}) = [(\boldsymbol{v}-\boldsymbol{w})^{\mathrm{T}}(\boldsymbol{v}-\boldsymbol{w})]^{1/2} = \left[\sum_{j=1}^{D}(v_j - w_j)^2\right]^{1/2} \tag{4.27}$$

werden oftmals auch die Werte $r = 1$ (Manhattan-Distanz, l_1-Norm) und $r \rightarrow \infty$ (Maximum-Norm, l_∞-Norm) angenommen. Für sie gilt

$$d(\boldsymbol{v},\boldsymbol{w}) = \sum_{j=1}^{D} |v_j - w_j| \tag{4.28}$$

bzw.

$$d(\boldsymbol{v},\boldsymbol{w}) = \max_{1 \leq j \leq D} |v_j - w_j|. \tag{4.29}$$

Von besonderem Interesse sind quadratische Fehlermaße. Neben der quadratischen euklidischen Distanz kann ein gewichtetes quadratisches Abstandsmaß verwendet werden. Dann gilt

$$d(\boldsymbol{v},\boldsymbol{w}) = (\boldsymbol{v}-\boldsymbol{w})^{\mathrm{T}}\boldsymbol{G}(\boldsymbol{v}-\boldsymbol{w}), \tag{4.30}$$

wobei $\boldsymbol{G}$ eine symmetrische, positiv definite Gewichtsmatrix darstellt. Für den Fall, daß $\boldsymbol{G}$ eine Diagonalmatrix mit den Einträgen $g_{jj} > 0$ ist, ergibt sich daraus mit

$$d(\boldsymbol{v},\boldsymbol{w}) = \sum_{j=1}^{D} g_{jj}(v_j - w_j)^2 \tag{4.31}$$

ein Maß, das es erlaubt, verschiedene Vektorkomponenten unterschiedlich stark zu gewichten. Ist $\boldsymbol{G}$ gleich der Einheitsmatrix, so erhält man wieder die quadratische euklidische Distanz. Wird die Matrix $\boldsymbol{G}$ gleich der Inversen der Kovarianzmatrix der Datenvektoren gesetzt, d. h.

$$\boldsymbol{G}^{-1} = \sum_{n=1}^{N} (\boldsymbol{v} - \hat{\boldsymbol{v}})(\boldsymbol{v} - \hat{\boldsymbol{v}})^{\mathrm{T}} \tag{4.32}$$

mit $\hat{\boldsymbol{v}} = 1/N \sum_{n=1}^{N} \boldsymbol{v}_n$ so erhält man als Abstandsmaß die sogenannte quadratische Mahalanobis-Distanz.

Neben dem zur Datenrepräsentation gewählten Farbraum muß das Abstandsmaß zur Bewertung von Ähnlichkeiten bzw. Differenzen innerhalb dieses Farbraumes festgelegt werden. Für die Segmentierung von Farbbildern werden aus Gründen der Rechenkomplexität dazu vor allem die l_1-Norm, die l_∞-Norm sowie das euklidische Abstandsmaß verwendet. Bei der Verwendung des $L^*u^*v^*$-Farbraumes, der unter der Prämisse entwickelt wurde, daß der euklidische Abstand im Farbraum annähernd dem vom Menschen empfundenen Farbabstand entspricht, wird als Abstandsmaß dementsprechend die euklidische Distanz gewählt. Dagegen ist bei Verwendung der anderen Farbräume zunächst kein Abstandsmaß gegenüber den anderen ausgezeichnet. Umfangreiche, im Rahmen dieser Arbeit durchgeführte Untersuchungen zeigen, daß im RGB-Farbraum und im physiologischen Farbraum die Ergebnisse bei Verwendung aller drei Maße sehr ähnlich sind. Aus diesem Grund wird bei den folgenden Untersuchungen die euklidische Distanz gewählt um die Kompatibilität zum $L^*u^*v^*$-Farbraum zu gewährleisten. Wegen der in Abschnitt 3.3.2 beschriebenen Singularität des HSV-Farbraums (der Farbton ist undefiniert bei Sättigung $= 0$) und der Instabilität des Farbwinkels in Sättigungsbereichen nahe 0, eignet sich der HSV-Raum nicht für Abstandsmessungen, die auf der Minkowski-Metrik basieren. Dies ist der Grund dafür, daß nur sehr wenige Arbeiten zur Bildsegmentierung den HSV-Raum verwenden. In diesen Arbeiten werden aufgrund der im Vergleich zu den anderen in Kapitel 3 vorgestellten Farbräumen starken Nichtlinearität hoch spezialisierte Abstandsmaße entwickelt. Sie teilen zumeist den Farbraum in zwei oder mehr Bereiche auf, einen achromatischen, der sich durch niedrige Sättigungswerte auszeichnet und einen chromatischen, der den restlichen Farbraum abdeckt, und entwickeln für diese getrennt unterschiedliche Abstandsmaße [92, 103]. Da sich die vorliegende Arbeit nicht mit der Entwicklung oder Untersuchung derartig spezieller, auf heuristischer Basis entworfener, Abstandsmaße beschäftigt, wurde auf eine Untersuchung des HSV-Raumes zur Bildsegmentierung verzichtet.

Im folgenden werden anhand mehrerer Beispielbilder die Segmentierungsergebnisse in den Farbräumen RGB und $L^*u^*v^*$ sowie im physiologischen Farbraum unter Verwendung der euklidischen Distanz präsentiert. Die Beurteilung der Ergebnisse stellt dabei eine schwierige Aufgabe dar.

Wünschenswert ist die Bewertung anhand eines quantitativen Maßes, welches mit der Qualität der Segmentierungsergebnisse korreliert und einen systematischen Vergleich unterschiedlicher Verfahren erlaubt. Eine Bewertungsmöglichkeit bietet der Vergleich von gerechneten Segmentierungen mit vorher von Hand durchgeführten Segmentierungen [14, 15]. Die Relevanz eines derartigen Vergleichsmaßes ist jedoch von zweifelhaftem Wert, da die als Vergleichsgrundlage verwendete „optimale" Segmentierung immer subjektiven Charakter haben wird. In einer Arbeit von BEVERIDGE ET AL. konnte gezeigt werden, daß es für einen Menschen sehr schwierig ist, den semantischen Kontext zu ignorieren, wenn er die Segmentierung erzeugt [7]. Dieser Ansatz wird daher in der vorliegenden Arbeit nicht weiter verfolgt.

Letztendlich kann eine Beurteilung der Segmentierungsergebnisse nur im Zusammenhang mit einer konkret vorhandenen Anwendung durchgeführt werden. Ein und dasselbe Segmentierungsergebnis kann für unterschiedliche Anwendungen von unterschiedlicher Qualität sein. Die Segmentierung stellt ein Zwischenergebnis bei der Bildanalyse dar. In der vorliegenden Arbeit dient das Ergebnis der initialen Segmentierung als Teil der Verarbeitungskette zur Objekterkennung (s. Abbildung 2.2).

Wesentlich ist in diesem Zusammenhang die Objektdefinition, d. h. die Festlegung der Objektklassen, die entsprechend der Aufgabenstellung erkannt werden sollen. Anhand der Objektdefinition lassen sich verschiedene Hierarchieebenen unterscheiden. Oft orientiert sich die Objektdefinition an den physikalisch im Bild vorhandenen Objekten, es sind jedoch auch feinere und gröbere Einteilungen möglich. Objekte können unterschiedliche Farben enthalten. Wird eine farbbasierte Segmentierung durchgeführt, so ist es nicht möglich, eine im Sinne der obigen „physikalischen" Objektdefinition „ideale" Bildaufteilung zu erzeugen. Aus diesem Grund wird eine feinere Auflösung zur Objektdefinition gewählt, auch physikalisch gesehen „Objektteile" werden im folgenden als Objekte betrachtet. Ziel dabei ist, Objekte durch möglichst wenige signifikante Regionen zu beschreiben und auch für stark texturierte Objekte, wie beispielsweise Bäume, eine kompakte Regionenbeschreibung zu erhalten.

Wird ein in diesem Sinne definiertes Objekt nach durchgeführter Segmentierung durch mehrere Teilregionen beschrieben, so spricht man von einer Übersegmentierung des Bildes, verschmelzen dagegen Objekte zu einer Region, so liegt eine Untersegmentierung vor. Betrachtet man das Segmentierungsergebnis unter dem Aspekt der Datenreduktion, so stellt eine objektbezogene Segmentierung die für die vorliegende Aufgabenstellung maximal mögliche Reduktionsrate dar. Durch die Segmentierung erfolgt der Übergang von einer bildpunktbasierten zu einer regionenbasierten Beschreibungsform des Bildinhaltes, wobei das Verhältnis der Anzahl der Regionen zur Anzahl der Bildpunkte ein Maß für die Datenreduktion darstellt und als Reduktionsrate bezeichnet wird. In diesem Sinne wird als maximal mögliche oder optimale Reduktionsrate der Wert bezeichnet, der erzielt wird, wenn durch die Segmentierung keine für die nachfolgende Weiterverarbeitung relevante Bildinformation verlorengeht. Übersegmentierungen führen zu einer niedrigeren Datenreduktion, Untersegmentierungen erzielen höhere Reduktionsraten, reduzieren aber gleichzeitig die Bildinformation, was für die nachfolgenden Verarbeitungsschritte nicht reversible Fehler induziert. Ziel von Segmentierungsverfahren ist es, unter Vermeidung von Untersegmentierungen eine möglichst hohe Datenreduktion zu erzielen. Dieser Aspekt wird in den folgenden Abschnitten bei der Diskussion der Segmentierungsergebnisse aufgegriffen.

Ergebnisse

Bei den Beispielbildern (Abbildungen 4.3 - 4.5) handelt es sich um Farbbilder, die unterschiedliche Szenarien im Bereich des Straßenverkehrs darstellen. Die Abbildungen 4.3 und 4.4 zeigen Autobahnszenen bei stark unterschiedlichen Beleuchtungsverhältnissen. Während die Beleuchtung in Abbildung 4.3 näherungsweise der Strahlungsverteilung von normalem Tageslicht und damit einer korrelierten Farbtemperatur von ungefähr 6500 K entspricht (s. Abschnitt 3.1), weisen die Bilder in Abbildung 4.4 demgegenüber eine deutliche Abweichung in Richtung niedrigerer Farbtemperaturen auf. Dies resultiert in einem verringerten Farbkontrast, wobei der Farbkontrast hier als das Verhältnis der im Bild vorhandenen Farbwerte zur insgesamt darstellbaren Anzahl an Farbwerten verstanden wird. Abbildung 4.5 zeigt zwei Bilder einer Stadtszene. Auch hier liegt aufgrund einer extremen Beleuchtungssituation ein relativ geringer Farbkontrast bei gleichzeitig hoher Bilddynamik vor. Weiterhin weisen die Bilder eine hohe Strukturiertheit auf und stellen daher eine sehr anspruchsvolle Segmentierungsaufgabe dar. Alle Bilder liegen im RGB-Format mit einer Auflösung von 8 Bit pro Farbkanal vor.

Jedes Bild wird in den Abbildungen in vier verschiedenen Darstellungen gezeigt. Oben ist jeweils das Originalbild zu sehen, darunter folgt die Darstellung der Segmentierungsergebnisse (von oben nach unten) im RGB-Farbraum, $L^*u^*v^*$-Farbraum und im physiologischen Farbraum. Der visuelle Vergleich der Segmentierungsergebnisse zeigt, daß unter Berücksichtigung der zugrundeliegenden Objektdefinition die Segmentierung im $L^*u^*v^*$-Farbraum in allen Bildern die besten Ergebnisse liefert. So wird beispielsweise in Abbildung 4.3 (a) sowohl der blaue als auch der rote PKW trotz beleuchtungsbedingter Variationen des Farbwertes als zusammenhängende Region segmentiert. Auch in den Randbereichen, d. h. der Vegetation rechts und links der Fahrbahn, und im Himmel erfolgt trotz der vorhandenen Strukturierung eine Gruppierung der Bildpunkte zu wenigen kompakten Regionen, die gut mit dem visuellen Eindruck übereinstimmen. Ähnliche Eigenschaften zeigen die Ergebnisse von Abbildung 4.3 (b). So werden beispielsweise die Bäume im linken Bildbereich im Vergleich zu den anderen Farbräumen im $L^*u^*v^*$-Farbraum durch deutlich weniger und kompaktere Regionen repräsentiert. Die Bilder in Abbildung 4.4 stellen aufgrund des geringen Farbkontrastes hohe Anforderungen an das Segmentierungsverfahren. Auch hier zeigt sich, daß bei Verwendung des $L^*u^*v^*$-Farbraumes die erzeugten Regionen wenig durch die Strukturierung der Objekte beeinflußt werden. So wird beispielsweise der Transporter im linken Bild trotz der Struktur der

(a) (b)

Abbildung 4.3: Szene „Autobahn I“. Oben: Originalbilder. Darunter: Segmentierungsergebnisse im RGB-Farbraum, L*u*v*-Farbraum und physiologischen Farbraum. Dargestellt sind die Ergebnisse bei Verwendung von 16 Referenzvektoren. Die Belegung der verfahrensinternen Konstanten (s. Abschnitt 4.4.1) entspricht den Werten aus [71, 74]: $\epsilon_{\text{Start}} = 0.5, \epsilon_{\text{Stop}} = 0.005, \lambda_{\text{Start}} = K$ (mit K Anzahl der Referenzvektoren) und $t_{\text{Max}} = 15N$ (mit N Anzahl der Datenvektoren).

(c) (d)

Abbildung 4.4: Szene „Autobahn II“. Oben: Originalbilder. Darunter: Segmentierungsergebnisse im RGB-Farbraum, $L^*u^*v^*$-Farbraum und physiologischen Farbraum. Dargestellt sind die Ergebnisse bei Verwendung von 16 Referenzvektoren. Die Belegung der verfahrensinternen Konstanten (s. Abschnitt 4.4.1) entspricht den Werten aus [71, 74]: $\epsilon_{\text{Start}} = 0.5, \epsilon_{\text{Stop}} = 0.005, \lambda_{\text{Start}} = K$ (mit K Anzahl der Referenzvektoren) und $t_{\text{Max}} = 15N$ (mit N Anzahl der Datenvektoren).

(e) (f)

Abbildung 4.5: Szene „Stadt“. Oben: Originalbilder. Darunter: Segmentierungsergebnisse im RGB-Farbraum, L*u*v*-Farbraum und physiologischen Farbraum. Dargestellt sind die Ergebnisse bei Verwendung von 16 Referenzvektoren. Die Belegung der verfahrensinternen Konstanten (s. Abschnitt 4.4.1) entspricht den Werten aus [71, 74]: $\epsilon_{\text{Start}} = 0.5, \epsilon_{\text{Stop}} = 0.005, \lambda_{\text{Start}} = K$ (mit K Anzahl der Referenzvektoren) und $t_{\text{Max}} = 15N$ (mit N Anzahl der Datenvektoren).

Fahrzeugrampen zu wenigen Regionen zusammengefaßt und der rechte Seitenstreifen neben der Fahrbahn durch eine einzige kompakte Region repräsentiert. Im rechten Bild wird das Verkehrsschild als Ganzes, unabhängig von der Beschriftung segmentiert. Auch die Bäume in den Randbereichen des Bildes und der Himmel werden im $L^*u^*v^*$-Farbraum durch wenige kompakte Regionen repräsentiert. Anhand der Bilder in Abbildung 4.5 werden die Grenzen des Segmentierungsverfahrens deutlich. Der komplexe Szeneninhalt, eine schwierige Beleuchtungssituation und der dadurch geringe Farbkontrast führen zu einer starken Übersegmentierung der Bilder. Jedoch zeigt auch hier ein Vergleich der Segmentierungsergebnisse, daß bei Verwendung des $L^*u^*v^*$-Farbraumes einzelne Objekte durch weniger und kompaktere Regionen beschrieben werden. Beispiele hierfür stellen die Segmentierungen der LKW-Rückansicht oder der Büsche im rechten Randbereich der Straße von Bild 4.5 (f) dar.

Der visuelle Eindruck läßt sich auch anhand der Datenreduktion P belegen. Sie wird in der vorliegenden Arbeit als das Verhältnis der durch die Segmentierung erzeugten Bildregionen M und der Anzahl der Bildpunkte N entsprechend

$$P = \frac{M}{N}$$

definiert, so daß ein kleiner Wert von P eine hohe Datenreduktion und umgekehrt angibt. Wie aus Tabelle 4.1 ersichtlich ist, werden im $L^*u^*v^*$-Farbraum in allen Bildern die höchsten Reduktionsraten erzielt. Sie sind abhängig vom Bildinhalt und liegen zwischen 0,88 % und 3,29 %. Demgegenüber sind die Reduktionsraten für den RGB-Farbraum im Mittel um den Faktor 2 geringer. Der physiologische Farbraum weist die geringsten Reduktionsraten auf.

	Bild (a)	Bild (b)	Bild (c)	Bild (d)	Bild (e)	Bild (f)
RGB-Farbraum	2.39 %	1.92 %	3.73 %	2.72 %	4.43 %	4.63 %
$L^*u^*v^*$-Farbraum	0.88 %	0.92 %	3.29 %	2.09 %	2.01 %	1.88 %
phys. Farbraum	3.41 %	2.83 %	4.39 %	4.02 %	5.74 %	6.20 %

Tabelle 4.1: Ergebnisse der Datenreduktion P der Abbildungen 4.3 bis 4.5 in den unterschiedlichen Farbräumen.

Anhand der Tabelle wird weiterhin die Abhängigkeit der Reduktionsraten vom Bildmaterial deutlich. So sind in allen drei Farbräumen die Reduktionsraten für die Bilder aus Abbildung 4.3 am höchsten. Die Szenen enthalten gering strukturierte Objekte und weisen einen hohen Farbkontrast auf. Demgegenüber ist in Abbildung 4.5 die Anzahl der in den Szenen enthaltenen Objekte deutlich größer, demzufolge fällt die Datenreduktion geringer aus. Einen Sonderfall stellen die Bilder aus Abbildung 4.4 dar. Aufgrund des Bildinhaltes ist zunächst zu erwarten, daß eine hohe Datenreduktion möglich ist. Es kommt jedoch zu einer sehr starken Übersegmentierung des Straßenbereichs, wobei einzelne Regionen oft nur wenige Bildpunkte enthalten und sich untereinander nur durch einen geringen

Farbkontrast unterscheiden. Diese Eigenschaft liegt in der Wahl des Segmentierungsverfahrens begründet. Vektorquantisierungsverfahren erzeugen eine Approximation der Verteilungsdichte der Bildpunkte im Farbraum, d. h. in Bereichen hoher Datendichte ordnen sich viele Referenzvektoren an. Damit werden große Bildbereiche, die relativ homogene Farbwerte aufweisen, verschiedenen Referenzvektoren zugeordnet und somit in viele kleine Regionen aufgeteilt. Der Effekt ist auch in den anderen Bildern zu sehen, macht sich aber in Abbildung 4.4 am stärksten bemerkbar, da der Straßenbereich im Bild extrem groß und der Farbkontrast gleichzeitig sehr klein ist.

Zusammenfassend läßt sich anhand der Ergebnisse der sechs Bilder feststellen, daß die Segmentierung im $L^*u^*v^*$-Farbraum verglichen mit dem RGB-Farbraum und dem physiologischen Farbraum sowohl bezüglich des visuellen Eindrucks als auch hinsichtlich der berechneten Datenreduktion die besten Ergebnisse liefert. Der bereits im vorletzten Abschnitt diskutierte Effekt der Übersegmentierung großer Bildbereiche mit relativ homogenem Farbwert motiviert jedoch nach Ansätzen zu suchen, die eine weitere Verbesserung der Segmentierungsergebnisse ermöglichen. In den folgenden drei Abschnitten werden hierzu Lösungsvorschläge entwickelt. Es handelt sich dabei um alternativ einzusetzende Erweiterungen der vorliegenden Verfahren. Alle basieren auf einer Datenrepräsentation im $L^*u^*v^*$-Farbraum. Ihnen gemeinsam ist der Ansatz, neben den Farbwerten die Ortsinformation der Bildpunkte zur Segmentierung zu nutzen.

4.6 Erweiterung des Merkmalraums

In diesem Abschnitt wird eine Erweiterung des Datenraums vorgenommen. Bisher wurden als Merkmale die Farbwerte der Bildpunkte ausgewertet. Nach den Ergebnissen des vorangegangenen Abschnitts gilt damit für die Datenvektoren $\boldsymbol{v}_n = (L^*_n, u^*_n, v^*_n)$. Dem in diesem Abschnitt vorgestellten Ansatz liegt die Idee zugrunde, daß Bildpunkte mit ähnlichen Farbwerten, die *zusätzlich* noch benachbart sind, zu demselben physikalischen Objekt gehören und aus diesem Grunde zu einer Region gruppiert werden sollen [41]. Jeder Bildpunkt n wird dann anhand eines fünfdimensionalen Merkmalvektors $\boldsymbol{v}_n = (L^*_n, u^*_n, v^*_n, x_n, y_n)$ beschrieben, wobei x_n die horizontale und y_n die vertikale Position des Bildpunktes in der Bildebene angeben. Die Aufgabe der Vektorquantisierung besteht wiederum darin, eine Anzahl von — ebenfalls fünfdimensionalen — Referenzvektoren zu bestimmen, die den Rekonstruktionsfehler (s. auch Gleichung (4.4))

$$E_K(\boldsymbol{v}, \boldsymbol{w}) = \sum_{n=1}^{N} d(\boldsymbol{v}_n, \boldsymbol{w}_{k(\boldsymbol{v}_n)}) \tag{4.33}$$

minimieren. Als Abstandsmaß wird die euklidische Distanz durch ein gewichtetes quadratisches Abstandsmaß entsprechend der Definition in Abschnitt 4.5

$$d(\boldsymbol{v}, \boldsymbol{w}) = (\boldsymbol{v} - \boldsymbol{w})^{\mathrm{T}} \boldsymbol{G} (\boldsymbol{v} - \boldsymbol{w}) \tag{4.34}$$

ersetzt. G bezeichnet dabei eine Diagonalmatrix, für deren Einträge $g_{jj} > 0$ gilt. Dieses Maß erlaubt es, verschiedene Vektorkomponenten unterschiedlich stark zu gewichten und somit das Verhältnis von Farb- zu Ortskoordinaten einzustellen. Im folgenden wird mit $g_f = g_{11} = g_{22} = g_{33}$ der Gewichtungsfaktor für die Farbwerte, mit $g_o = g_{44} = g_{55}$ der Gewichtungsfaktor für die Bildkoordinaten bezeichnet. Ohne Beschränkung der Allgemeinheit wird $g_f = 1$ gesetzt. Um optimale Segmentierungsergebnisse zu erhalten, muß der Gewichtungsfaktor g_o abhängig vom Bildinhalt — insbesondere von der Größe der vorkommenden Objekte — und abhängig von der Verteilung der Farbwerte gewählt werden.

Ergebnisse

Die Bildzeile 2 der Abbildungen 4.8 bis 4.10 zeigt die Resultate anhand der im vorigen Abschnitt ausgewählten Beispielbilder[2]. Die Bilder in der ersten Bildzeile stellen dabei zum besseren Vergleich die unter Verwendung des L*u*v*-Farbraums ohne Erweiterung des Merkmalraums erzielten Ergebnisse der Abbildungen 4.3 bis 4.5 nochmals dar. Die dort angegebenen Parameterwerte wurden übernommen. Allerdings erforderte die Erhöhung der Dimensionalität des Datenraums eine Anpassung der Anzahl an Referenzvektoren. Der visuelle Vergleich zeigt, daß durch die Hinzunahme der Ortskoordinaten eine deutliche Verbesserung des Segmentierungsergebnisses erzielt wird. Insbesondere die Bildung sehr kleiner Regionen in Bildbereichen mit relativ homogenen Farbwerten wird reduziert. Dieser Effekt wird anhand der Datenreduktion in Tabelle 4.2 verdeutlicht. Zum besseren Vergleich sind hier ebenfalls die Ergebnisse der Datenreduktion, die ohne Verwendung von Ortskoordinaten im L*u*v*-Farbraum erzielt wurden, aufgeführt.

	Bild (a)	Bild (b)	Bild (c)	Bild (d)	Bild (e)	Bild (f)
L*u*v*-Farbraum	0.88 %	0.92 %	3.29 %	2.09 %	2.01 %	1.88 %
L*u*v*+ Bildposition	0.64 %	0.46 %	0.41 %	0.31 %	0.79 %	0.73 %

Tabelle 4.2: Ergebnisse der Datenreduktion P der Abbildungen 4.8 bis 4.10 vor und nach Erweiterung des Merkmalraums um Ortskoordinaten.

Im Mittel gelingt es, die Regionenanzahl nochmals um den Faktor 2 zu senken. Besonders deutliche Verbesserungen sind in den Bildern (c) und (d) der Sequenz „Autobahn II“ möglich, in denen sehr große Bildbereiche homogene Farbwerte aufweisen.

Bei der Betrachtung der Ergebnisbilder fällt auf, daß sich in ebenjenen Bildbereichen ein Rautenmuster ausbildet. Dies ist durch die Wahl des Gewichtungsfaktors g_o begründet. Er wird idealerweise entsprechend der im Bild vorkommenden Objektgrößen gewählt. Sind diese sehr unterschiedlich, wird seine obere Grenze derart festgelegt, daß

[2]Dargestellt sind die Ergebnisse bei Verwendung von 40 Referenzvektoren. Der Gewichtungsfaktor für die Bildkoordinaten beträgt $g_o = 0{,}025$.

Untersegmentierungen im Bereich kleiner Objekte vermieden werden. Damit kommt es bei der Repräsentation großer Objekte zu Übersegmentierungen. Die Varianz der Repräsentation bezüglich der Objektgröße erweist sich bei dem in dieser Arbeit betrachteten Bildmaterial als nachteilig. Aus diesem Grund wird im folgenden Abschnitt ein weiteres in dieser Arbeit entwickeltes Verfahren vorgestellt und untersucht, um die Segmentierungsergebnisse aus Abschnitt 4.5 zu verbessern.

4.7 Erweiterung des Distanzmaßes

Den Ansatzpunkt für das in diesem Abschnitt vorgestellte Verfahren bildet die Erweiterung der in Abschnitt 4.5 eingeführten Abstandsmaße $d(\boldsymbol{v}_1, \boldsymbol{v}_2)$ zur Messung von Farbunterschieden. Die bisher betrachteten Abstandsmaße stellen ein quantitatives Maß für den Unterschied der Eigenschaften zweier Bildpunkte dar. Demgegenüber bewertet das hier entwickelte erweiterte Abstandsmaß neben dem Unterschied der Eigenschaften der Bildpunkte selbst auch ihren örtlichen Bezug sowie die Eigenschaften der dazwischenliegenden Bildpunkte. Um diesen Unterschied zu kennzeichnen werden die Begriffe Grunddistanz sowie Orts-Grunddistanz eingeführt.

Die Grunddistanz ist ein quantitatives Maß für den Unterschied der Eigenschaften zweier Bildpunkte. Im Fall von Farbbildern mißt die Grunddistanz z. B. Unterschiede zwischen einzelnen Farben. Eine Erweiterung dazu ist die Orts-Grunddistanz. Sie bewertet die Menge der Grunddistanzen, die zwischen den Bildpunkten und den Punkten entlang ihrer Verbindungswege bestehen. Mit den Farbwerten $\boldsymbol{v}(x_1,y_1)$, $\boldsymbol{v}(x_2,y_2)$ an den Bildpunkten (x_1,y_1) bzw. (x_2,y_2) und einer gewählten Grunddistanz $d(\boldsymbol{v}(x_1,y_1), \boldsymbol{v}(x_2,y_2))$ berechnet sich die Orts-Grunddistanz zu

$$D = \min_{I_j \in I_{1,2}} \left(\max_{(x_i,y_i) \in I_j} d(\boldsymbol{v}(x_{\mathrm{Ref}},y_{\mathrm{Ref}}), \boldsymbol{v}(x_i,y_i)) \right).$$

Dabei ist $I_{1,2}$ die Menge aller Wege I_j, mit $I_j = [(x_1,y_1),...,(x_n,y_n),...,(x_2,y_2)]_j$, die die Bildpunkte 1 und 2 verbinden. Für $(x_{\mathrm{Ref}},y_{\mathrm{Ref}})$ können alternativ die Koordinaten des Bildpunktes 1 oder 2 eingesetzt werden. Die Orts-Grunddistanz wird dann als D_1 bzw. D_2 bezeichnet. I. a. gilt $D_1 \neq D_2$, d. h. es handelt sich bei der Orts-Grunddistanz um kein symmetrisches Maß. Anschaulich bedeutet eine kleine Orts-Grunddistanz zwischen zwei Bildpunkten, daß sie zum einen eine geringe Grunddistanz zueinander haben und daß ein Verbindungsweg zwischen ihnen gefunden werden kann, auf dem alle Grunddistanzen zu einem der beiden Bildpunkte klein sind. Andererseits bedeutet eine große Orts-Grunddistanz, daß entweder die Grunddistanz zwischen den Bildpunkten selbst einen großen Wert annimmt, oder kein Verbindungsweg der Bildpunkte existiert, auf dem alle Grunddistanzen einen kleinen Wert besitzen.

Die Einführung der Orts-Grunddistanz als Abstandsmaß erweist sich bei Aufgabenstellungen wie der Bildsegmentierung, d. h. der Gruppierung von Bildpunkten zu Objekten als vorteilhaft. Dort haben Bildpunkte mit ähnlichen Eigenschaften, die sich innerhalb einer zusammenhängenden Region befinden, alle eine kleine Orts-Grunddistanz voneinander. Bildpunkte ähnlicher Eigenschaften, die jedoch zwei räumlich getrennten Regionen angehören, besitzen hingegen eine große Orts-Grunddistanz.

Prinzipiell kann jede Grunddistanz zu einer Orts-Grunddistanz erweitert werden. Im folgenden werden die euklidische Distanz entsprechend Gleichung (4.27) und eine Datenrepräsentation im L*u*v*-Farbraum betrachtet.

Ein Problem, welches bei der Implementierung der Orts-Grunddistanz auftritt, ist die Berechnung der Grunddistanz auf allen möglichen Verbindungswegen zweier Bildpunkte. Der Rechenaufwand skaliert mit der Bildgröße und ist selbst bei kleinen Bildern immens. In der Praxis zeigt sich, daß in den meisten Anwendungsfällen auf eine derart aufwendige Berechnung verzichtet werden kann. Im einfachsten Fall entfällt die Minimumsbildung über verschiedene Verbindungswege komplett. Die Orts-Grunddistanz vereinfacht sich in diesem Fall zu

$$D = \max_{(x_i,y_i)\in I'_{1,2}} d(\boldsymbol{v}(x_{\mathrm{Ref}},y_{\mathrm{Ref}}), \boldsymbol{v}(x_i,y_i)), \tag{4.35}$$

wobei $I'_{1,2}$ durch ein eindeutiges Konstruktionsprinzip festgelegt sein muß. Dabei kann es sich z. B. um die kürzeste Verbindung der beiden betrachteten Bildpunkte handeln.

Beispiele für die Ermittlung der Orts-Grunddistanz sind in der Abbildung 4.6 demonstriert.

Links sind die Grauwertdarstellungen zweier Farbbilder gezeigt, in die die zu vergleichenden Punkte sowie ihre kürzeste Verbindungslinie eingetragen wurden. In der Mitte und rechts sind jeweils die Grunddistanzen in Abhängigkeit der Position auf der kürzesten Verbindungslinie aufgetragen. Als Referenzpunkt wird der Bildpunkt mit der jeweils kleineren x-Koordinate gewählt und auf den Nullpunkt des Koordinatensystems abgebildet. Die Orts-Grunddistanz der jeweiligen Punktepaare erhält man, wenn man den Abbildungen den Maximalwert der Kurven entnimmt.

Die Abbildungen verdeutlichen die Abhängigkeit der Orts-Grunddistanz zweier Bildpunkte von ihrer Ortsposition im Bild. Eine kleine Orts-Grunddistanz bedeutet, daß sich die betrachteten Bildpunkte in einer farblich homogenen Region befinden. Dabei ist die Größe der Region irrelevant, da der Ortsabstand der Punkte als solches nicht in das Abstandsmaß einfließt (z. B. Abbildung 4.6, unten rechts). Große Orts-Grunddistanzen werden von Punktepaaren erreicht, die nicht innerhalb einer solchen homogenen Farbregion liegen (Abbildung 4.6, oben mitte), selbst wenn sie zueinander eine geringe Grunddistanz aufweisen (Abbildung 4.6, unten mitte). Durch die Einschränkung der Menge aller Verbindungswege auf den kürzesten Verbindungsweg entsprechend Gleichung (4.35) wird die Form der homogenen Farbregionen, innerhalb derer die Abstände aller Bildpunkte eine geringe Orts-Grunddistanz haben, auf die Teilmenge der konvexen Regionen eingeschränkt. Daher haben zwei Punkte, die intuitiv der gleichen Farbregion angehören, die aber die Konvexitätsbedingung verletzt, eine große Orts-Grunddistanz zueinander (Abbildung 4.6, oben rechts).

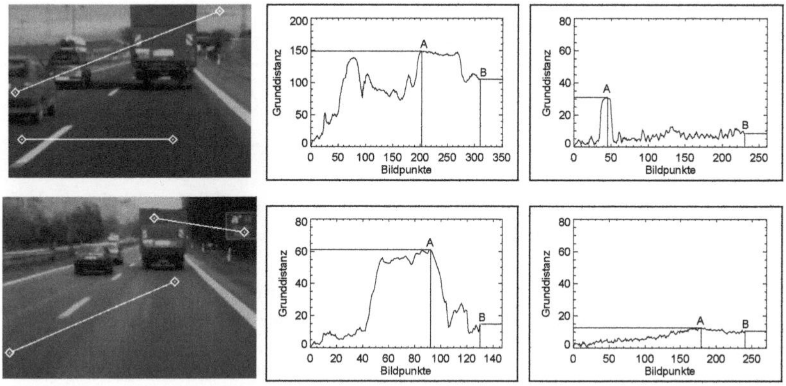

Abbildung 4.6: Beispiele zur Ermittlung der Orts-Grunddistanz. Links: Ausgangsbilder (Grauwertdarstellung der ursprünglichen Farbbilder), in die jeweils zwei zu vergleichende Punktepaare sowie ihre kürzesten Verbindungslinien eingezeichnet sind. Mitte: Grunddistanzen der Bildpunkte der jeweils oberen Verbindungslinien. Rechts: Grunddistanzen der Bildpunkte der unteren Verbindungslinien. In den Bildern ist die Grunddistanz zwischen den betrachteten Punktepaaren mit „B", die Orts-Grunddistanz mit „A" markiert.

Ergebnisse

In den Bildzeilen 3 der Abbildungen 4.8 bis 4.10 sind die Segmentierungsergebnisse bei Verwendung der Orts-Grunddistanz gezeigt. Es liegt eine Repräsentation der Farbwerte im $L^*u^*v^*$-Raum zugrunde; als Grunddistanz wird die euklidische Metrik verwendet[3]. Auch hier werden zum Vergleich die ohne Verwendung der Orts-Grunddistanz erzielten Ergebnisse der Abbildungen 4.3 bis 4.5 — dargestellt in der ersten Bildzeile — herangezogen. Die dort angegebenen Parameterwerte wurden übernommen. Lediglich eine Anpassung der Anzahl der Referenzvektoren gegenüber dem Ausgangsbeispiel war erforderlich.

Der Tabelle 4.3 entnimmt man, daß die Regionenanzahl weiter gesenkt werden konnte und somit die bisher größten Datenreduktionsraten erzielt werden.

Die Betrachtung der Ergebnisbilder in den Abbildungen 4.8 bis 4.10 zeigt jedoch, daß die hohe Datenreduktion in mehreren Bildern zu einer Untersegmentierung führt. Insbesondere ist das Verfahren nicht in der Lage, die stark strukturierten Bereiche der beiden Stadtszenen aufzulösen. Der Güte der Segmentierungsergebnisse kann durch eine Erhöhung der Anzahl an Referenzvektoren verbessert werden. Die damit verbundene

[3]Dargestellt sind die Ergebnisse bei Verwendung von 50 Referenzvektoren.

	Bild (a)	Bild (b)	Bild (c)	Bild (d)	Bild (e)	Bild (f)
L*u*v*-Farbraum	0.88 %	0.92 %	3.29 %	2.09 %	2.01 %	1.88 %
Orts-Grunddistanz im L*u*v*-Farbraum	0.08 %	0.10 %	0.09 %	0.08 %	0.16 %	0.17 %

Tabelle 4.3: Ergebnisse der Datenreduktion P der Abbildungen 4.8 bis 4.10 ohne und mit Verwendung der Orts-Grunddistanz.

Erhöhung der Rechenzeit macht das Verfahren für die Anwendungen in der Bildsegmentierung ungeeignet. Aus diesem Grund wird im folgenden Abschnitt ein weiterer Ansatz entwickelt.

4.8 Modifizierung der Stichprobenverteilung

Als weitere, alternative Möglichkeit, die Segmentierungsergebnisse aus Abschnitt 4.5 zu verbessern, wurde im Rahmen dieser Arbeit ein Verfahren entwickelt, das auf einer Modifizierung der Stichprobenverteilung basiert. Die Grundlage für die Segmentierung bildet die Bestimmung geeigneter Referenzvektoren. Diese werden während einer Trainingsphase von dem verwendeten selbstorganisierenden neuronalen Netz, hier dem *neural gas* Verfahren, gelernt. Das Training eines neuronalen Netzes erfolgt durch die Präsentation von Beispielen, den Datenvektoren $\boldsymbol{v}_i$, $i = 1, \ldots, N$, wobei N der Anzahl der Datenvektoren entspricht (s. auch Algorithmus 2 auf Seite 55). Diese werden – falls keine Zusatzinformationen vorliegen – im allgemeinen gleichverteilt aus dem Datenvorrat gezogen. Damit gilt für die Wahrscheinlichkeit, daß ein bestimmter Datenvektor $\boldsymbol{v}_i$ dem Netz zum Training präsentiert wird, $P_V(\boldsymbol{v}_i) = 1/N = \text{const.}$. Sie wird im folgenden als Zugwahrscheinlichkeit bezeichnet.

In dem hier vorliegenden Anwendungsbeispiel führt das zu einer ungünstigen Repräsentation des Datenraumes, da großflächige, bezüglich des Farbwertes relativ homogene Bildbereiche, die einen großen Anteil des Datenvorrats ausmachen, häufig zum Training herangezogen werden und sich daher die Referenzvektoren vornehmlich in diesen Regionen anordnen. Das ist in diesem Maße nicht erwünscht, da dadurch große Regionen unnötig aufgespalten werden und im Gegenzug kleinere trotzdem wichtige Flächen nicht ausreichend repräsentiert werden. Um diesem Prozeß entgegenzuwirken, kann unter Zuhilfenahme von Vorwissen eine Modifikation der dem Trainingsvorgang zugrundeliegenden Zugwahrscheinlichkeit P_V erfolgen. Ebenso wie in den vorangegangenen beiden Abschnitten wird auch hier eine Modifikation abhängig von der Position der Daten im Bild entwickelt und untersucht, d. h. $P_V(\boldsymbol{v}_i) = P_V(\boldsymbol{v}_i(x,y)) \equiv P_V(x,y)$.

Dem hier verfolgten Ansatz liegt die Idee zugrunde, daß Trainingsvektoren verstärkt aus für die Szenenanalyse interessanten Bildbereichen gewählt werden sollten. Als geeignetes Maß zur Generierung einer Stichprobenverteilung hat sich die lokale Bildentropie H erwiesen, die ein Maß zur Messung des lokalen Informationsgehaltes in Bildern darstellt [52, 53]. Mit der lokalen Bildentropie wird ein Bildpunkt in Abhängigkeit der Statistik der Bildpunkte seiner Umgebung bewertet. Um die Schätzgüte zu erhöhen, wird sie auf dem aus dem Farbbild entsprechend

$$I(x,y) = (R(x,y) + G(x,y) + B(x,y))/3 \tag{4.36}$$

erzeugten Grauwertbild gerechnet. Es gilt:

$$H_{n_x,n_y}(x,y) = -\sum_I h_{n_x,n_y}(I) \log h_{n_x,n_y}(I), \tag{4.37}$$

wobei (n_x, n_y) das Intervall um den Bildpunkt (x,y) angibt, in dem die Verteilungsdichte der Grauwerte über eine Histogrammbildung $h_{n_x,n_y}(I)$ geschätzt wird. Die lokale Bildentropie stellt ein Maß zur Bestimmung der Texturiertheit von Bildbereichen dar. Sie nimmt niedrige Werte für homogene und hohe Werte für stark texturierte Bildbereiche an. Abbildung 4.7 zeigt die lokale Bildentropie der sechs Beispielbilder. Die Auswahl der Datenvektoren zum Training der neuronalen Netze erfolgt entsprechend der ortsabhängigen Zugwahrscheinlichkeit $P_V(x,y)$, die sich bei einer Bildgröße von $N_x \times N_y$ zu

$$P_V(x,y) = \hat{H}_{n_x,n_y}(x,y) = \frac{H_{n_x,n_y}(x,y)}{\sum_{x'=1}^{N_x} \sum_{y'=1}^{N_y} H_{n_x,n_y}(x',y')},$$

ergibt. $\hat{H}$ bezeichnet dabei die auf Eins normierte Entropie H.

Ergebnisse

Die Bildzeilen 4 der Abbildungen 4.8 bis 4.10 zeigen die Resultate, die eine Segmentierung mit modifizierter Stichprobenverteilung ergibt[4]. Zum Vergleich werden auch hier die in der ersten Bildzeile nochmals dargestellten Ergebnisse der Abbildungen 4.3 bis 4.5, die unter Verwendung des L*u*v*-Farbraums ohne Modifizierung der Stichprobenverteilung erzielt wurden, herangezogen. Die Einstellung der Parameterwerte ist in beiden Simulationen identisch.

Die Aufteilung der Bilder in Regionen stimmt gut mit dem visuellen Eindruck überein. Es wird eine deutliche Reduktion der Übersegmentierung erzielt, Untersegmentierungen können gleichzeitig vermieden werden. Tabelle 4.4 belegt anhand einer Gegenüberstellung der Reduktionsraten ohne und mit Modifizierung der Stichprobenverteilung auch quantitativ, daß das hier vorgestellte Verfahren sehr gute Datenreduktionsraten erzielt.

Neben einer guten Qualität der Segmentierungsergebnisse erweist sich das vorliegende Verfahren aufgrund der geringen Anzahl an verwendeten Referenzvektoren hinsichtlich der Rechenzeit als besonders effizient. Es wird aus diesem Grund im weiteren Verlauf dieser Arbeit zur Durchführung von Bildsegmentierungen verwendet.

[4]Dargestellt sind die Ergebnisse bei Verwendung von 16 Referenzvektoren.

(a) (b) (c)

(d) (e) (f)

Abbildung 4.7: Aus dem Original entsprechend Gleichung (4.36) berechnetes Grauwertbild (oben) und zugehöriges Entropiebild (unten). Dargestellt sind die Ergebnisse für eine Maskengröße von $n_x = n_y = 20$.

	Bild (a)	Bild (b)	Bild (c)	Bild (d)	Bild (e)	Bild (f)
$L^*u^*v^*$-Farbraum	0.88 %	0.92 %	3.29 %	2.09 %	2.01 %	1.88 %
$L^*u^*v^*$-Farbraum + Entropie	0.12 %	0.14 %	0.14 %	0.11 %	0.22 %	0.22 %

Tabelle 4.4: Ergebnisse der Datenreduktion P der Abbildungen 4.8 bis 4.10 ohne und mit Modifikation der Stichprobenverteilung mit dem Maß der lokalen Bildentropie.

4.9 Zusammenfassung

In diesem Kapitel werden Verfahren zur initialen Segmentierung von Farbbildern entwickelt und analysiert. Integraler Bestandteil der vorgeschlagenen Verfahren sind selbstorganisierende neuronale Netze in Form des *neural gas* und *growing neural gas* Verfahrens. Sie werden anhand eines Literaturüberblicks in bestehende Konzepte eingeordnet und mit einem Standardverfahren zur Bildsegmentierung verglichen. Wesentliche Eigenschaften der Verfahren, wie ein gutes Konvergenzverhalten bei gleichzeitig geringem Rekonstruktionsfehler im Fall des *neural gas* Algorithmus sowie eine gute Adaptationsfähigkeit an Änderungen der Signalverteilungen im Fall des *growing neural gas* Algorithmus werden vorgestellt und motivieren den Einsatz der Verfahren für unterschiedliche Zielsetzungen innerhalb der Bildsegmentierung.

Der Einfluß der verwendeten Signalrepräsentation und des Abstandsmaßes auf die Qualität der Segmentierungsergebnisse wird diskutiert und anhand von Beispielen demonstriert. Die Repräsentation der Farbwerte im $L^*u^*v^*$-Farbraum erweist sich bei Verwendung der euklidischen Distanz dabei als besonders geeignet. Um die Segmentierungsergebnisse weiter zu verbessern, werden drei Ansätze entwickelt und untersucht, welche die rein farbbasierte Auswertung der Bildinformation um eine ortsbasierte Komponente ergänzen. Dazu wird eine Erweiterung des Merkmalraums um Ortskoordinaten, ein ortsabhängiges Abstandsmaß und eine ortsabhängige Modifikation der Stichprobenverteilung auf Basis der lokalen Bildentropie vorgenommen. Anhand von Segmentierungsergebnissen auf Farbbildern unterschiedlicher Ausprägung wird die Leistungsfähigkeit der entwickelten Verfahren präsentiert. Die Variante, die eine modifizierte ortsabhängige Stichprobenverteilung nutzt, erweist sich bezüglich der Qualität der Segmentierungsergebnisse, der Datenreduktionsraten und der Rechenzeit als besonders effizient und wird im weiteren Verlauf der Arbeit zur Bildsegmentierung verwendet.

Damit liegt eine Realisierung des ersten wesentlichen Bestandteils des in dieser Arbeit entwickelten Systems zur Objekterkennung vor. Die durch das vorgestellte Verfahren generierten Farbflächen bilden die Grundlage der im folgenden Kapitel vorgestellten kontextbasierten Klassifikation.

Abbildung 4.8: Szene „Autobahn I“. Bildzeile 1 zeigt die Segmentierungsergebnisse im $L^*u^*v^*$-Farbraum entsprechend Abbildung 4.3, die Bildzeilen 2 - 4 jeweils die Segmentierungsergebnisse bei Verwendung eines erweiterten Merkmalraums bestehend aus Farb- und Ortskoordinaten, bei Verwendung der Orts-Grunddistanz als erweitertes Farbabstandsmaß sowie bei Verwendung einer modifizierten Stichprobenverteilung.

Abbildung 4.9: Szene „Autobahn II“. Bildzeile 1 zeigt die Segmentierungsergebnisse im L*u*v*-Farbraum entsprechend Abbildung 4.4, die Bildzeilen 2 - 4 jeweils die Segmentierungsergebnisse bei Verwendung eines erweiterten Merkmalraums bestehend aus Farb- und Ortskoordinaten, bei Verwendung der Orts-Grunddistanz als erweitertes Farbabstandsmaß sowie bei Verwendung einer modifizierten Stichprobenverteilung.

Abbildung 4.10: Szene „Stadt“. Bildzeile 1 zeigt die Segmentierungsergebnisse im $L^*u^*v^*$-Farbraum entsprechend Abbildung 4.5, die Bildzeilen 2 - 4 jeweils die Segmentierungsergebnisse bei Verwendung eines erweiterten Merkmalraums bestehend aus Farb- und Ortskoordinaten, bei Verwendung der Orts-Grunddistanz als erweitertes Farbabstandsmaß sowie bei Verwendung einer modifizierten Stichprobenverteilung.

Kapitel 5

Kontextbasierte Klassifikation von Farbflächen

Der zweite wesentliche Bestandteil des in dieser Arbeit entwickelten Systems zur Objekterkennung ist die Klassifikation (s. auch Kapitel 2). Aufgabe des Klassifikationsmoduls ist es, den in der Vorverarbeitungsstufe der initialen Segmentierung erzeugten Bildregionen Objektklassen zuzuordnen. Diese Aufgabe erweist sich aufgrund der Variabilität der Erscheinungsform von Objekten in Bildern natürlicher Umwelten als sehr anspruchsvoll. Eine robuste Klassifikation bedingt die Fusion mehrerer Informationsquellen. Im Rahmen dieser Arbeit wird diesbezüglich die Nutzung von Kontextwissen untersucht. Kontextbasierte Ansätze stellen eine Erweiterung modellbasierter Ansätze zur Objekterkennung dar und nutzen neben den Objekteigenschaften selbst, wie beispielsweise Farbe, Textur oder Form, auch die Relationen der Objekte zueinander. Dadurch sind sie in der Lage Mehrdeutigkeiten, die aufgrund ähnlicher Modellmerkmale entstehen, aufzulösen.

In der vorliegenden Arbeit wird Kontextwissen in Form von örtlichen Beziehungen zwischen Objektklassen betrachtet, wobei ein bildbasiertes Koordinatensystem zur Definition von Objektpositionen zugrunde gelegt wird. Es wird in einen Ansatz zur robusten Klassifikation von Farbflächen integriert. In Anlehnung an das in Kapitel 2 vorgestellte Vorgehen von LI und MODESTINO [59, 78] basiert der vorgestellte Ansatz auf der Formulierung der Klassifikationsaufgabe als Optimierungsproblem. Es wird eine Energiefunktion abgeleitet, die Modell- und Kontextwissen berücksichtigt und optimal im Sinne eines Bayes-Ansatzes ist. Hierzu wird zunächst in Abschnitt 5.1 eine für die weiteren Betrachtungen geeignete Notation eingeführt. Im darauffolgenden Abschnitt 5.2 wird der Bayes-Ansatz erläutert und die Beiträge von Beobachtung und Kontextwissen zur Energiefunktion abgeleitet. Weiterhin wird das im Rahmen dieser Arbeit entwickelte Konzept der gerichteten Nachbarschaften vorgestellt sowie virtuelle Regionen und Objektklassen eingeführt. Daraufhin kann die verwendete Energiefunktion vollständig spezifiziert werden. Zur Lösung der Optimierungsaufgabe werden evolutionäre Algorithmen eingesetzt. Abschnitt 5.3 gibt eine Einführung in die grundlegenden Eigenschaften dieser Verfahren und stellt eine aufgabenangepaßte Formulierung der notwendigen Operatoren vor.

Die Funktionalität des Ansatzes wird in Abschnitt 5.4 anhand von synthetischen und realen Bilddaten aus dem Gebiet des Straßenverkehrs erfolgreich demonstriert. Das Kapitel schließt mit einer Zusammenfassung in Abschnitt 5.5.

5.1 Notation

Regionen und Nachbarschaften

Nach der Durchführung der initialen Segmentierung liegt eine Aufteilung des Bildes in N Regionen $R_i, i \in \{1,\dots,N\}$ vor, die im folgenden im Vektor $\boldsymbol{R}$ zusammengefaßt werden[1]. Die Eigenschaften der Regionen wie beispielsweise ihre Form, Farbe oder Größe werden im Merkmalvektor $\boldsymbol{d}_{R_i} = (d_1, d_2, \dots, d_L)^{\mathrm{T}}_{R_i}$ kodiert, wobei L die Anzahl der Vektorelemente darstellt. Durch Kombination der Merkmalvektoren aller Regionen erhält man die Merkmalmatrix $\boldsymbol{d} = (\boldsymbol{d}_{R_1}, \dots, \boldsymbol{d}_{R_N})$. Das Matrixelement $d_{R_i l}$ bezeichnet damit das l-te Merkmal der Region R_i. Die Anordnung der Elemente des Regionenvektors $\boldsymbol{R}$ weist keine Ordnung auf. Topologische Beziehungen zwischen Regionen werden in Form eines Nachbarschaftssystems $\mathcal{N}_{\boldsymbol{R}}$ etabliert. Es gilt

$$\mathcal{N}_{\boldsymbol{R}} = \{\mathcal{N}_{R_i} \,|\, \forall i \in \{1,\dots,N\}\}, \tag{5.1}$$

wobei $\mathcal{N}_{R_i}$ die Menge aller mit R_i benachbarten Regionen umfaßt, für die gilt

$$R_i \notin \mathcal{N}_{R_i} \quad \text{und} \tag{5.2}$$

$$R_i \in \mathcal{N}_{R_{i'}} \Longleftrightarrow R_{i'} \in \mathcal{N}_{R_i}, \tag{5.3}$$

d. h. eine Region ist nicht mit sich selbst benachbart und die Nachbarschaft ist symmetrisch. Eine andere Form zur Beschreibung topologischer Relationen zwischen Regionen basiert auf dem Konzept der Cliquen. Eine Clique C ist als Untermenge von Regionen in $\boldsymbol{R}$ definiert, die entweder eine oder mehrere Regionen enthält, die *alle* im Sinne des Nachbarschaftssystems $\mathcal{N}_{\boldsymbol{R}}$ miteinander benachbart sind. Sie werden entsprechend der Anzahl der Regionen, die sie enthalten, mit $C_1, C_2, \dots, C_N$ bezeichnet:

$$\begin{aligned}
C_1 &= \{\{R_i\} \,|\, i \in \{1,\dots,N\}\} \\
C_2 &= \{\{R_i, R_{i'}\} \,|\, i, i' \in \{1,\dots,N\}, R_{i'} \in \mathcal{N}_{R_i}\}. \\
C_3 &= \{\{R_i, R_{i'}, R_{i''}\} \,|\, i, i', i'' \in \{1,\dots,N\}, R_{i'} \in \mathcal{N}_{R_i}, R_{i''} \in \mathcal{N}_{R_i}, R_{i''} \in \mathcal{N}_{R_{i'}}\}. \\
&\vdots
\end{aligned}$$

[1] Die Regionenwerte R_i entsprechen den Indexwerten i. Sie werden verwendet, um auf den Regionenzusammenhang hinzuweisen und so die Lesbarkeit zu erleichtern. Falls Mißverständnisse ausgeschlossen sind, werden Regionen im folgenden auch durch ihre Indizes beschrieben.

Bei einer Bildaufteilung in vier Regionen $\boldsymbol{R} = (R_1, R_2, R_3, R_4)$ entsprechend Abbildung 5.1 ergeben sich die folgenden Cliquen

$$\begin{aligned}
C_1 &= \{\{R_1\},\{R_2\},\{R_3\},\{R_4\}\} \\
C_2 &= \{\{R_1,R_2\},\{R_1,R_3\},\{R_2,R_1\},\{R_2,R_3\},\{R_3,R_1\},\{R_3,R_2\},\{R_3,R_4\}, \\
&\quad \{R_4,R_3\}\} \\
C_3 &= \{\{R_1,R_2,R_3\},\{R_1,R_3,R_2\},\{R_2,R_1,R_3\},\{R_2,R_3,R_1\},\{R_3,R_1,R_2\}, \\
&\quad \{R_3,R_2,R_1\}\} \\
C_4 &= \emptyset.
\end{aligned}$$

Die Vereinigung aller Cliquen wird als Menge $\mathcal{C}$ bezeichnet.

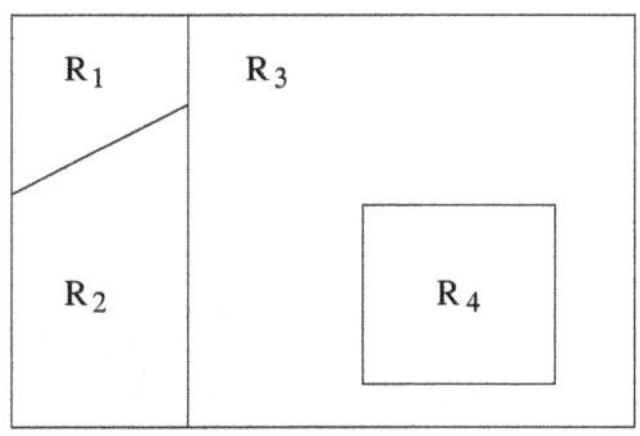

Abbildung 5.1: Schemabild zur Erläuterung des Konzepts der Cliquen. Regionen werden dabei als benachbart betrachtet, wenn sie gemeinsame Randpunkte besitzen.

Zuordnungen von Objektklassen zu Regionen

Die Klassifikationsaufgabe, die in diesem Kapitel gelöst werden soll, wird im folgenden als Zuordnungsproblem formuliert. Ziel dabei ist es, jeder Bildregion $R_i, i \in \{1,\dots,N\}$ eine Objektklasse k_i zuzuordnen. Die Gesamtheit der Zuordnungen für ein Bild wird durch den Vektor $\boldsymbol{k}(\boldsymbol{R}) = (k_1, k_2, \dots, k_N)^{\mathrm{T}}$ beschrieben. Für die Vektorelemente gilt $k_i \in \mathcal{O}$, wobei $\mathcal{O}$ die Menge der Objektklassen angibt. Diese wird aufgabenabhängig definiert und ergibt sich zu $\mathcal{O} = \{O_1, O_2, \dots, O_M\}$. Die Anzahl ihrer Elemente wird dabei mit M bezeichnet. Die Elemente $O_j, j \in \{1,\dots,M\}$ stellen eine symbolische Repräsentation der einzelnen Objektklassen dar, es existiert daher keine natürliche Ordnung innerhalb der Menge. Die Eigenschaften der Objektklassen werden im Merkmalvektor $\boldsymbol{D}_{O_j} = (D_1, D_2, \dots, D_L)^{\mathrm{T}}_{O_j}$ kodiert und zu der Matrix $\boldsymbol{D}$ zusammengefaßt. Das Matrixelement $D_{O_j l}$ bezeichnet dabei das l-te Merkmal der Objektklasse O_j. Die Objektmerkmale korrespondieren mit den im vorigen Unterabschnitt eingeführten Regionenmerkmalen, d. h. $d_{R_i l}$ und $D_{O_j l}$, mit $i \in \{1,\dots,N\}$ und $j \in \{1,\dots,M\}$ beschreiben für alle $l \in \{1,\dots,L\}$ die gleiche Eigenschaft.

Die Menge der möglichen Zuordnungen $\boldsymbol{k}$ mit $\boldsymbol{k} \in \mathbb{K}$ skaliert mit der Anzahl der Bildregionen N und der Anzahl der Objektklassen M entsprechend M^N. Der Konfigurationsraum wird dabei mit $\mathbb{K}$ bezeichnet. Ein Beispiel für eine vollständige Zuordnung von Objektklassen zu Bildregionen ist in Abbildung 5.2 gegeben. Die Zuordnung wird dabei durch den Vektor $\boldsymbol{k} = (k_1, k_2, k_3, k_4)^{\mathrm{T}}$ beschrieben. Für die Vektorelemente gilt $k_1 = O_4, k_2 = O_4, k_3 = O_3, k_4 = O_1$.

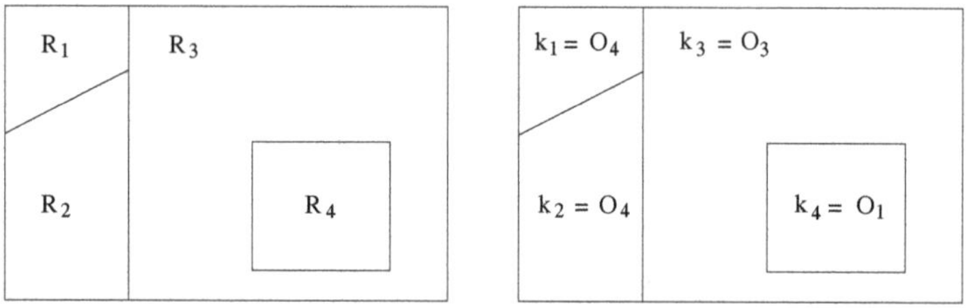

Abbildung 5.2: Schemabild zur Zuordnung von Objektklassen O_j zu Bildregionen R_i.

Im folgenden wird eine statistische Modellierung des Zuordnungsprozesses vorgenommen. Dazu wird eine Gruppe von Zufallsvariablen $\boldsymbol{K} = (K_1, K_2, \ldots, K_N)^{\mathrm{T}}$ eingeführt, die auf der Menge der Bildregionen $\boldsymbol{R}$ definiert sind. $\boldsymbol{K}$ wird dabei als Zufallsfeld bezeichnet. Jede Zufallsvariable K_i nimmt einen Wert $k_i, k_i \in \mathcal{O}$ an. Mit $\boldsymbol{K} = \boldsymbol{k}$ wird das Ereignis $(K_1 = k_1, K_2 = k_2, \ldots, K_N = k_n)$ bezeichnet. $\boldsymbol{k} = (k_1, k_2, \ldots, k_N)$ stellt dabei eine mögliche Konfiguration des Zufallsfeldes $\boldsymbol{K}$ dar. Die Wahrscheinlichkeit, daß eine Zufallsvariable K_i den Wert k_i annimmt, ist $P(K_i = k_i)$ und wird im folgenden als $P(k_i)$ bezeichnet. Die Verbundwahrscheinlichkeit ist $P(\boldsymbol{K} = \boldsymbol{k})$ und wird entsprechend als $P(\boldsymbol{k})$ abgekürzt.

5.2 Formulierung als Optimierungsaufgabe

Aufgrund der hohen Variabilität der Erscheinungsform von Objekten in Bildern natürlicher Umwelten können Merkmale oft nur fehlerhaft und unvollständig bestimmt werden. Mehrdeutigkeiten und Widersprüche im Zuordnungsprozeß sind daher unvermeidbar. Unter diesen Umständen ist i. a. keine „perfekte" Lösung des Zuordnungsproblems zu erreichen. Eine Möglichkeit, diese Problemklasse zu behandeln, liefern Optimierungsansätze. Die prinzipielle Idee ist die implizite Lösung des Zuordnungsproblems durch Minimierung einer Energiefunktion. Entsprechend der im vorigen Abschnitt eingeführten Notation ist damit diejenige Konfiguration $\boldsymbol{k}^*$ des Zufallsfeldes gesucht, die die Energiefunktion $E(\boldsymbol{k})$ minimiert:

$$\boldsymbol{k}^* = \arg\min_{\boldsymbol{k}} E(\boldsymbol{k}). \tag{5.4}$$

Die Schwierigkeit dieses Ansatzes liegt in der Formulierung einer geeigneten Bewertungsfunktion. Die verschiedenen Informationsquellen, die Einfluß auf den Zuordnungsprozeß haben sollen, müssen derart kodiert werden, daß die im Sinne der Energiefunktion optimale Lösung $\boldsymbol{k}^*$ mit der gewünschten Lösung $\boldsymbol{k}_{\text{wahr}}$ korrespondiert.

Zur Aufstellung von Energiefunktionen werden häufig Heuristiken verwendet. Diese kodieren Expertenwissen und sind zumeist stark an die Aufgabenstellung angepaßt. Demgegenüber stellen Modelle auf der Grundlage etablierter Kriterien einen systematischen Ansatz zur Formulierung der Energiefunktion dar. Aufgrund der unvermeidbaren Störeinflüsse im Bildverarbeitungsprozeß werden häufig Prinzipien aus dem Bereich der Statistik und der Informationstheorie als Basis gewählt. Abhängig vom vorhandenen Wissen über den Zuordnungsprozeß kann zwischen verschiedenen Kriterien ausgewählt werden. Typische Vertreter hierfür sind das *maximum likelihood* Kriterium, das *maximum entropy* Kriterium sowie das Bayes-Kriterium [11]. Für den in dieser Arbeit vorliegenden Fall, daß sowohl Information über die Datenverteilung als auch Kontextwissen und damit a priori Wissen vorhanden ist und den Zuordnungsprozeß beeinflussen soll, stellt die Optimierung eines Bayes-Kriteriums einen geeigneten Ansatz dar [11, 60].

5.2.1 Bayes-Ansatz

Das Bayessche Theorem besagt, daß die a posteriori Wahrscheinlichkeit $P(\boldsymbol{k} \mid \boldsymbol{d})$ einer Zuordnung $\boldsymbol{k}$ sich entsprechend

$$P(\boldsymbol{k} \mid \boldsymbol{d}) = \frac{p(\boldsymbol{d} \mid \boldsymbol{k})P(\boldsymbol{k})}{p(\boldsymbol{d})} \tag{5.5}$$

berechnen läßt. $p(\boldsymbol{d} \mid \boldsymbol{k})$ stellt dabei die bedingte Wahrscheinlichkeitsdichtefunktion der Beobachtungen $\boldsymbol{d}$ (die Likelihood Funktion von $\boldsymbol{k}$ für festes $\boldsymbol{d}$) dar, $P(\boldsymbol{k})$ beschreibt die a priori Wahrscheinlichkeit der Zuordnungen. Der Term im Nenner $p(\boldsymbol{d})$, die Dichte von $\boldsymbol{d}$, ist für gegebenes $\boldsymbol{d}$ eine Konstante und dient der Normierung, stellt also sicher, daß $\sum_{\boldsymbol{k}} P(\boldsymbol{k} \mid \boldsymbol{d}) = 1$ ist.

Der Bayes Ansatz besagt nun, daß unter der Annahme, daß die a priori Verteilung $P(\boldsymbol{k})$ und die Likelihood Funktion $p(\boldsymbol{d} \mid \boldsymbol{k})$ bekannt sind, die beste Schätzung der Zuordnungen, die unter Zuhilfenahme dieser Wissensquellen erzielt werden kann, diejenige ist, welche die a posteriori Wahrscheinlichkeit $P(\boldsymbol{k} \mid \boldsymbol{d})$ maximiert. Damit gilt

$$\boldsymbol{k}^* = \arg\max_{\boldsymbol{k}} P(\boldsymbol{k} \mid \boldsymbol{d}). \tag{5.6}$$

Unter Berücksichtigung von Gleichung (5.5) und durch Ausnutzung der Konstanz von $p(\boldsymbol{d})$ erhält man die Beziehung

$$\boldsymbol{k}^* = \arg\max_{\boldsymbol{k}} p(\boldsymbol{d} \mid \boldsymbol{k})P(\boldsymbol{k}). \tag{5.7}$$

Mit Gleichung (5.7) steht ein Optimierungsfunktional zur Verfügung, das im Sinne der Bayesschen Schätztheorie ein optimales Zuordnungsergebnis formuliert. Es setzt sich aus zwei Faktoren zusammen, die dazu genutzt werden, das Wissen über die beobachteten Daten und das a priori vorhandene Wissen über die Zuordnungen zu kodieren. Bezogen auf das in diesem Kapitel betrachtete Klassifikations- bzw. Zuordnungsproblem ist damit ein Formalismus gegeben, der es ermöglicht, den Zusammenhang zwischen Meßgrößen wie den Regioneneigenschaften $\boldsymbol{d}$ und a priori vorhandenem Kontextwissen analytisch zu beschreiben. Die Modellierung der bedingten Wahrscheinlichkeitsdichte $p(\boldsymbol{d}\,|\,\boldsymbol{k})$ und der a priori Wahrscheinlichkeit $P(\boldsymbol{k})$ wird in den nächsten beiden Abschnitten vorgestellt.

5.2.2 Beitrag der Beobachtung

Aufgrund von Beobachtungen oder Messungen können Eigenschaften der einzelnen Bildregionen R_i bestimmt werden. Diese liegen in Form der Merkmalmatrix $\boldsymbol{d} = (\boldsymbol{d}_{R_1}, \ldots, \boldsymbol{d}_{R_N})$ vor. Existiert zudem eine Beschreibung der Eigenschaften der Objektklassen über die in Abschnitt 5.1 eingeführte Merkmalmatrix $\boldsymbol{D}$, so läßt sich der Zusammenhang zwischen den Regionen- und Objektmerkmalen durch ein Beobachtungsmodell angeben. Es wird im folgenden entsprechend

$$\boldsymbol{d}_{R_i} = \boldsymbol{D}_{k_i} + \boldsymbol{e}, \qquad \text{mit} \quad \boldsymbol{e} \sim N(0, \boldsymbol{\Sigma}) \tag{5.8}$$

gewählt, wobei $\boldsymbol{e}$ als additives, mittelwertfreies und unkorreliertes gaußsches Rauschen modelliert wird. Die Kovarianzmatrix $\boldsymbol{\Sigma}$ ist damit eine Diagonalmatrix und es gilt $(\Sigma)_{ll'} = \delta_{ll'}\sigma_l^2, l, l' \in \{1, \ldots, L\}$.

Das Beobachtungsmodell beinhaltet die Annahme über die statistische Unabhängigkeit der einzelnen Messungen $\boldsymbol{d}_{R_i}$. Wird weiterhin die Unabhängigkeit der Beobachtung $\boldsymbol{d}_{R_i}$ von den Zuordnungen $k_{i'}, \forall i' \neq i$ vorausgesetzt, so gilt für die bedingte Wahrscheinlichkeit $p(\boldsymbol{d}\,|\,\boldsymbol{k})$

$$p(\boldsymbol{d}\,|\,\boldsymbol{k}) = \prod_{i=1}^{N} p(\boldsymbol{d}_{R_i}\,|\,\boldsymbol{k}) = \prod_{i=1}^{N} p(\boldsymbol{d}_{R_i}\,|\,k_i). \tag{5.9}$$

Der Beitrag $p(\boldsymbol{d}_{R_i}\,|\,k_i)$ einer Region R_i ergibt sich entsprechend dem Beobachtungsmodell zu

$$p(\boldsymbol{d}_{R_i}\,|\,k_i) = \frac{1}{(2\pi)^{L/2}|\boldsymbol{\Sigma}|^{1/2}} \exp\left\{-\frac{1}{2}(\boldsymbol{d}_{R_i} - \boldsymbol{D}_{k_i})^{\mathrm{T}} \boldsymbol{\Sigma}^{-1} (\boldsymbol{d}_{R_i} - \boldsymbol{D}_{k_i})\right\}. \tag{5.10}$$

Damit gilt für die bedingte Verbundwahrscheinlichkeit $p(\boldsymbol{d}\,|\,\boldsymbol{k})$

$$\begin{aligned} p(\boldsymbol{d}\,|\,\boldsymbol{k}) &= \frac{1}{\prod_{i=1}^{N}(2\pi)^{L/2}|\boldsymbol{\Sigma}|^{1/2}} \exp\left\{-\frac{1}{2}\sum_{i=1}^{N}(\boldsymbol{d}_{R_i} - \boldsymbol{D}_{k_i})^{\mathrm{T}} \boldsymbol{\Sigma}^{-1} (\boldsymbol{d}_{R_i} - \boldsymbol{D}_{k_i})\right\} \\ &= \frac{1}{(2\pi)^{NL/2}\prod_{l=1}^{L}\sigma_l^N} \exp\left\{-\frac{1}{2}\sum_{i=1}^{N}\sum_{l=1}^{L}\frac{(d_{lR_i} - D_{lk_i})^2}{\sigma_l^2}\right\} \\ &= \frac{1}{(2\pi)^{NL/2}\prod_{l=1}^{L}\sigma_l^N} \exp(-U(\boldsymbol{d}\,|\,\boldsymbol{k})), \end{aligned} \tag{5.11}$$

wobei $U(\boldsymbol{d}\,|\,\boldsymbol{k})$ als Energie der Verteilung interpretiert werden kann und sich zu

$$U(\boldsymbol{d}\,|\,\boldsymbol{k}) = \frac{1}{2}\sum_{i=1}^{N}\sum_{l=1}^{L}\frac{(d_{lR_i} - D_{lk_i})^2}{\sigma_l^2} \tag{5.12}$$

ergibt. Da die k_i diskrete Werte annehmen und $k_i \in \mathcal{O}$ gilt, kann die innere Summe als Matrixelement $B_{R_i k_i}$ betrachtet werden, wobei die Matrix $\boldsymbol{B}$ entsprechend

$$B_{R_i O_j} = \sum_{l=1}^{L}\frac{(d_{lR_i} - D_{lO_j})^2}{2\sigma_l^2}, \qquad i \in \{1,\dots,N\}, j \in \{1,\dots,M\} \tag{5.13}$$

definiert ist. Die Matrix $\boldsymbol{B}$ kodiert den Abstand zwischen den Merkmalvektoren von Klasse O_j zur Region R_i und hat dementsprechend eine Dimensionalität von $N \times M$ (Anzahl der Regionen $\times$ Anzahl der Objektklassen). Damit kann Gleichung (5.12) in die folgende Schreibweise überführt werden:

$$U(\boldsymbol{d}\,|\,\boldsymbol{k}) = \sum_{i=1}^{N} B_{R_i k_i}. \tag{5.14}$$

Mit den Gleichungen (5.13), (5.14) und (5.11) steht ein Formalismus zur Verfügung, der den Beitrag von Beobachtungen oder Messungen der Eigenschaften einzelner Bildregionen innerhalb der bedingten Wahrscheinlichkeitsdichte $p(\boldsymbol{d}\,|\,\boldsymbol{k})$ kodiert. Im folgenden wird ein Ansatz zur Formulierung der Beiträge des Kontextwissens vorgestellt.

5.2.3 Beitrag des Kontextwissens

Durch geeignete Wahl der a priori Wahrscheinlichkeit $P(\boldsymbol{k})$ soll Kontextwissen in die Modellierung des Optimierungsfunktionals eingebracht werden. Kontextwissen wurde am Anfang des Kapitels als das Wissen über die örtlichen Relationen der Objektklassen zueinander definiert. Dieses kann in Form von Abhängigkeiten zwischen den Variablen des Zufallsfeldes $\boldsymbol{k}$, welche die Zuordnungen zu den Bildregionen kodieren, beschrieben werden.

Die a priori Wahrscheinlichkeit läßt sich folgendermaßen in bedingte Wahrscheinlichkeiten aufteilen:

$$\begin{aligned} P(\boldsymbol{k}) &= P(k_1\,|\,(k_2,\dots,k_N))P(k_2,\dots,k_N) \\ &= P(k_1\,|\,(k_2,\dots,k_N))P(k_2\,|\,(k_3,\dots,k_N))P(k_3,\dots,k_N)) \\ &= \dots \end{aligned} \tag{5.15}$$

Sind die Zuordnungen unabhängig voneinander, liegt also kein Kontext vor, so gilt für die bedingten Wahrscheinlichkeiten $P(k_i\,|\,(k_{i+1},\dots,k_N) = P(k_i), \forall i$ und damit ergibt sich aus Gleichung (5.15) der Zusammenhang

$$P(\boldsymbol{k}) = \prod_{i=1}^{N} P(k_i). \tag{5.16}$$

Beeinflussen sich die Zuordnungen dagegen untereinander, so stellt die Formulierung der Verbundwahrscheinlichkeit $P(\boldsymbol{k})$ ein nicht-triviales Problem dar. Mit der Theorie der Markovschen Zufallsfelder steht ein mathematisches Konzept zur Lösung dieser Aufgabe zur Verfügung [60]. Ein Zufallsfeld wird genau dann als Markovsches Zufallsfeld bezeichnet, wenn gilt

$$\begin{aligned} & P(\boldsymbol{k}) > 0, \quad \forall \boldsymbol{k} \in \mathbb{K} \\ & P(k_i \,|\, k_{i'}, i \in \{1,\ldots,N\}, i' \in \{1,\ldots,N\} \setminus \{i\}) = \\ & P(k_i \,|\, k_{i'}, i, i' \in \{1,\ldots,N\}, R_{i'} \in \mathcal{N}_{R_i}). \end{aligned} \tag{5.17}$$

Anschaulich bedeutet der Zusammenhang in Gleichung (5.17), daß die Zuordnung einer Region nur von der Zuordnung benachbarter Regionen abhängt. Eine wesentliche Rolle spielt in diesem Zusammenhang die Definition der Nachbarschaft. Sie bestimmt die Größe des Abhängigkeitsbereiches. Im allgemeinsten Fall können alle Regionen als benachbart betrachtet werden. Die Markov-Bedingung stellt damit keine Einschränkung in der Modellierung dar.

Der wesentliche Vorteil einer Modellierung des Zufallsfeldes als Markovsches Zufallsfeld liegt darin, daß für dieses die generelle funktionelle Form der Verbundwahrscheinlichkeit $P(\boldsymbol{k})$ angegeben werden kann. HAMMERSLEY und CLIFFORD gelang es, die Äquivalenz zwischen Markovschen Zufallsfeldern und Gibbsschen Zufallsfeldern theoretisch zu zeigen und damit die Gibbs-Verteilung als Verbundwahrscheinlichkeit der Markov-Felder zu etablieren [6, 54]:

$$P(\boldsymbol{k}) = \frac{1}{Z}\exp(-U(\boldsymbol{k})), \quad \text{mit} \quad Z = \sum_{\boldsymbol{k}\in\mathbb{K}} \exp(-U(\boldsymbol{k})). \tag{5.18}$$

Z stellt dabei die Zustandssumme über den Konfigurationsraum $\mathbb{K}$ dar und dient zur Normierung. $U(\boldsymbol{k})$ wird als Energiefunktion der Gibbs-Verteilung oder Gibbs-Energie bezeichnet. Die Energie wird basierend auf dem Konzept der Cliquen, das in Abschnitt 5.1 vorgestellt wurde, angegeben als

$$U(\boldsymbol{k}) = \sum_{c\in C} V_c(\boldsymbol{k}). \tag{5.19}$$

Sie ergibt sich aus der Summe der Cliquen-Potentialfunktionen $V_c(\boldsymbol{k})$ über alle möglichen Cliquen C [60]. Durch die Wahl geeigneter Cliquen-Potentialfunktionen ist es möglich, Abhängigkeiten zwischen den Zuordnungen $\boldsymbol{k}$ zu formulieren. Wird die Summe in einzelne, jeweils Cliquen einer bestimmten Größe beschreibende, Terme aufgeteilt, so ergibt sich

$$U(\boldsymbol{k}) = \sum_{\{i\}\in C_1} V_1(k_i) + \sum_{\{i,i'\}\in C_2} V_2(k_i,k_{i'}) + \sum_{\{i,i',i''\}\in C_3} V_3(k_i,k_{i'},k_{i''}) + \ldots. \tag{5.20}$$

$V_1(k_i)$ kodiert dabei Wissen über die Zuordnung k_i (und stellt dabei im strengen Sinn kein Kontextwissen dar, da dieses durch Abhängigkeiten zwischen Zuordnungen beschrieben wird), $V_2(k_i, k_{i'})$ beschreibt die Abhängigkeit zwischen der Zuordnung k_i von Region R_i und der Zuordnung $k_{i'}$ von Region $R_{i'}$, usw. Die Anzahl der berücksichtigten Cliquengröße bestimmt die Ordnung des Modells. Je höher die gewählte Ordnung ist, desto mächtiger ist das Modell, desto höher ist jedoch auch der Berechnungsaufwand. Im folgenden werden Cliquen bis zu einer Größe von zwei Elementen betrachtet, damit ergibt sich

$$U(\boldsymbol{k}) = \sum_{\{i\} \in C_1} V_1(k_i) + \sum_{\{i,i'\} \in C_2} V_2(k_i, k_{i'}) = \sum_{i=1}^{N} V_1(k_i) + \sum_{i=1}^{N} \sum_{i' \in \mathcal{N}_{R_i}} V_2(k_i, k_{i'}). \quad (5.21)$$

Die Formulierung der Verbundwahrscheinlichkeit $P(\boldsymbol{k})$ erfolgt damit über die Spezifikation der Cliquen-Potentiale $V_c(\boldsymbol{k})$. Diese kodieren unmittelbar die Präferenzen über Abhängigkeiten zwischen den Zuordnungen und stellen damit eine Methode zur Formulierung des Kontextwissens zur Verfügung. Neben der Wahl der Cliquen-Potentiale nimmt die Definition der Nachbarschaft $\mathcal{N}_{\boldsymbol{R}}$ wesentlichen Einfluß auf die Modellierung des Kontextwissens. Im folgenden Abschnitt wird der allgemeine, in Abschnitt 5.1 vorgestellte, Nachbarschaftsbegriff erweitert und das Konzept der gerichteten Nachbarschaften eingeführt. Es ermöglicht die Angabe zusätzlich einschränkender Randbedingungen bei der Formulierung des Kontextwissens.

5.2.4 Konzept der gerichteten Nachbarschaften

Es gibt unterschiedliche Möglichkeiten, Nachbarschaften zwischen Regionen zu definieren, solange sichergestellt werden kann, daß die in den Gleichungen (5.2) und (5.3) angegebenen Bedingungen erfüllt sind. So können beispielsweise zwei Regionen als benachbart gelten, wenn sie gemeinsame Randpunkte aufweisen aber auch, wenn der Abstand ihrer Flächenschwerpunkte einen Schwellwert unterschreitet.

Im folgenden wird das für die im späteren Verlauf dieses Kapitels vorgestellten Anwendungen wesentliche Konzept der gerichteten Nachbarschaften entwickelt. Darin wird die Nachbarschaftsmenge $\mathcal{N}_{R_i}$ einer Region R_i als Vereinigungsmenge zweier gerichteter Nachbarschaftsmengen entsprechend

$$\mathcal{N}_{R_i} = \mathcal{N}_{R_i}^{\mathrm{h}} \cup \mathcal{N}_{R_i}^{\mathrm{v}} \quad (5.22)$$

definiert. Diese Darstellungsform ermöglicht es, unterschiedliche Arten von Nachbarschaften zu definieren. Im vorliegenden Fall wird zwischen horizontalen (Index h) und vertikalen (Index v) Nachbarschaften zwischen Regionen unterschieden. Als horizontal benachbart werden zwei Regionen betrachtet, die horizontal benachbarte Bildpunkte haben. Zwei Bildpunkte (x_1,y_1) und (x_2,y_2) gelten dabei als horizontal benachbart, wenn die Bedingungen $|x_1 - x_2| = 1$ und $y_1 = y_2$ erfüllt sind. Für vertikale Nachbarschaften gelten die entsprechenden Beziehungen. Diese Zusammenhänge sind in Abbildung 5.3 nochmal verdeutlicht.

Für die Teilmengen $\mathcal{N}_{R_i}^{\mathrm{h}}$ und $\mathcal{N}_{R_i}^{\mathrm{v}}$ gelten jeweils die Bedingungen aus den Gleichungen (5.2) und (5.3). Sie sind jedoch nicht zueinander komplementär, d. h. die einzelnen

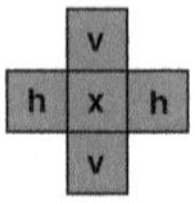

Abbildung 5.3: Horizontal (Index h) und vertikal (Index v) benachbarte Bildpunkte des Zentralpunktes x.

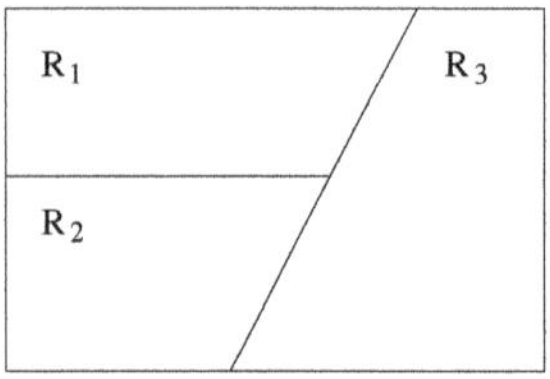

$$\begin{aligned} \mathcal{N}^{\mathrm{h}}_{R_1} &= \{R_3\} & \mathcal{N}^{\mathrm{v}}_{R_1} &= \{R_2, R_3\} \\ \mathcal{N}^{\mathrm{h}}_{R_2} &= \{R_3\} & \mathcal{N}^{\mathrm{v}}_{R_2} &= \{R_1, R_3\} \\ \mathcal{N}^{\mathrm{h}}_{R_3} &= \{R_1, R_2\} & \mathcal{N}^{\mathrm{v}}_{R_3} &= \{R_1, R_2\} \end{aligned}$$

Abbildung 5.4: Schemabild zur Erläuterung des Konzepts der gerichteten Nachbarschaften. Rechts neben der Grafik sind die vertikalen und horizontalen Nachbarschaftsmengen der einzelnen Regionen angegeben.

Nachbarschaftsmengen können dieselben Elemente enthalten. Zur Veranschaulichung des hier vorgestellten Konzepts dient Abbildung 5.4. Auf der Basis der gerichteten Nachbarschaftsmengen kann ein erweiterter Ausdruck für die Formulierung der Gibbs-Energie aus Gleichung (5.21) angegeben werden:

$$U(\boldsymbol{k}) = \sum_{i=1}^{N} V_1(k_i) + \sum_{i=1}^{N} \left(\sum_{i' \in \mathcal{N}^{\mathrm{h}}_{R_i}} V_2^{\mathrm{h}}(k_i, k_{i'}) + \sum_{i' \in \mathcal{N}^{\mathrm{v}}_{R_i}} V_2^{\mathrm{v}}(k_i, k_{i'}) \right). \tag{5.23}$$

V_2^{h} modelliert dabei den Beitrag der Zuordnungen horizontal benachbarter Regionen, V_2^{v} denjenigen vertikal benachbarter Regionen. Damit ist eine zusätzliche Beschreibungsvariable zur Modellierung des Kontextwissens vorhanden.

Nach dem am Beispiel der vertikalen und horizontalen Nachbarschaften vorgestellten Konzept der gerichteten Nachbarschaften ist die Definition verschiedener Nachbarschaftsarten möglich. Eine Einschränkung stellt dabei die geforderte Einhaltung der Symmetriebedingung aus Gleichung (5.3) dar. Im folgenden wird der Ansatz der gerichteten Nachbarschaften für unsymmetrische Nachbarschaften erweitert.

Dazu werden die eingeführten horizontalen und vertikalen Nachbarschaften weiter unterteilt. Die horizontale Nachbarschaftsmenge $\mathcal{N}^{\mathrm{h}}_{R_i}$ wird als Vereinigungsmenge der rechts und links benachbarten Nachbarschaftsmengen entsprechend

$$\mathcal{N}^{\mathrm{h}}_{R_i} = \mathcal{N}^{\mathrm{r}}_{R_i} \cup \mathcal{N}^{\mathrm{l}}_{R_i} \tag{5.24}$$

definiert, die vertikale entsprechend als Vereinigungsmenge der oben und unten benachbarten Nachbarschaftsmengen

$$\mathcal{N}_{R_i}^{\mathrm{v}} = \mathcal{N}_{R_i}^{\mathrm{o}} \cup \mathcal{N}_{R_i}^{\mathrm{u}}. \tag{5.25}$$

Damit gilt anstelle von Gleichung (5.3) der Zusammenhang

$$R_i \in \mathcal{N}_{R_{i'}}^{\mathrm{r}} \iff R_{i'} \in \mathcal{N}_{R_i}^{\mathrm{l}}, \tag{5.26}$$

$$R_i \in \mathcal{N}_{R_{i'}}^{\mathrm{l}} \iff R_{i'} \in \mathcal{N}_{R_i}^{\mathrm{r}}, \tag{5.27}$$

sowie

$$R_i \in \mathcal{N}_{R_{i'}}^{\mathrm{o}} \iff R_{i'} \in \mathcal{N}_{R_i}^{\mathrm{u}}, \tag{5.28}$$

$$R_i \in \mathcal{N}_{R_{i'}}^{\mathrm{u}} \iff R_{i'} \in \mathcal{N}_{R_i}^{\mathrm{o}}. \tag{5.29}$$

Werden mit V_2^r, V_2^l, V_2^o und V_2^u die den verschiedenen Nachbarschaftsarten zugehörigen Cliquen-Potentialfunktionen bezeichnet, so erhält man anstelle von Gleichung (5.23):

$$U(\boldsymbol{k}) = \sum_{i=1}^{N} V_1(k_i) + \frac{1}{2}\sum_{i=1}^{N}\left(\sum_{i' \in \mathcal{N}_{R_i}^{\mathrm{r}}} V_2^{\mathrm{r}}(k_i,k_{i'}) + \sum_{i' \in \mathcal{N}_{R_i}^{\mathrm{l}}} V_2^{\mathrm{l}}(k_i,k_{i'}) + \sum_{i' \in \mathcal{N}_{R_i}^{\mathrm{o}}} V_2^{\mathrm{o}}(k_i,k_{i'}) + \sum_{i' \in \mathcal{N}_{R_i}^{\mathrm{u}}} V_2^{\mathrm{u}}(k_i,k_{i'})\right). \tag{5.30}$$

Die Einführung des Normierungsfaktors $1/2$ im zweiten Term der Gleichung ermöglicht im folgenden die Verwendung einer kompakteren Schreibweise. Der Ausdruck (5.30) läßt sich durch Ausnutzen der Beziehungen (5.26) bis (5.29) weiter vereinfachen. So gilt beispielsweise für die erste Doppelsumme aufgrund von Gleichung (5.26)

$$\sum_{i=1}^{N} \sum_{i' \in \mathcal{N}_{R_i}^{\mathrm{r}}} V_2^{\mathrm{r}}(k_i,k_{i'}) = \sum_{i'=1}^{N} \sum_{i \in \mathcal{N}_{R_{i'}}^{\mathrm{l}}} V_2^{\mathrm{r}}(k_i,k_{i'}). \tag{5.31}$$

Unter der Bedingung, daß in den Cliquen-Potentialfunktionen der Einfluß der Beziehungen „Objektklasse k_i rechts von Objektklasse $k_{i'}$" und „Objektklasse $k_{i'}$ links von Objektklasse k_i" gleich bewertet wird, gilt

$$V_2^{\mathrm{r}}(k_i,k_{i'}) = \left(V_2^{\mathrm{l}}(k_i,k_{i'})\right)^{\mathrm{T}} = V_2^{\mathrm{l}}(k_{i'},k_i)$$

und man erhält

$$\sum_{i'=1}^{N} \sum_{i \in \mathcal{N}_{R_{i'}}^{\mathrm{l}}} V_2^{\mathrm{r}}(k_i,k_{i'}) = \sum_{i'=1}^{N} \sum_{i \in \mathcal{N}_{R_{i'}}^{\mathrm{l}}} V_2^{\mathrm{l}}(k_{i'},k_i). \tag{5.32}$$

Durch Vertauschen der Indizes und Einsetzen in Gleichung (5.31) ergibt sich die Beziehung

$$\sum_{i=1}^{N} \sum_{i' \in \mathcal{N}_{R_i}^{\mathrm{r}}} V_2^{\mathrm{r}}(k_i, k_{i'}) = \sum_{i=1}^{N} \sum_{i' \in \mathcal{N}_{R_i}^{\mathrm{l}}} V_2^{\mathrm{l}}(k_i, k_{i'}), \tag{5.33}$$

d. h. der Einfluß links gerichteter Nachbarschaften kann durch den Einfluß rechts gerichteter Nachbarschaften ersetzt werden. Entsprechend gilt für die vertikalen Nachbarschaften

$$\sum_{i=1}^{N} \sum_{i' \in \mathcal{N}_{R_i}^{\mathrm{o}}} V_2^{\mathrm{o}}(k_i, k_{i'}) = \sum_{i=1}^{N} \sum_{i' \in \mathcal{N}_{R_i}^{\mathrm{u}}} V_2^{\mathrm{u}}(k_i, k_{i'}) \tag{5.34}$$

und aus Gleichung (5.30) ergibt sich der Zusammenhang

$$U(\boldsymbol{k}) = \sum_{i=1}^{N} V_1(k_i) + \sum_{i=1}^{N} \left(\sum_{i' \in \mathcal{N}_{R_i}^{\mathrm{r}}} V_2^{\mathrm{r}}(k_i, k_{i'}) + \sum_{i' \in \mathcal{N}_{R_i}^{\mathrm{o}}} V_2^{\mathrm{o}}(k_i, k_{i'}) \right). \tag{5.35}$$

Ein Vergleich mit Gleichung (5.23) zeigt, daß die Anzahl der Beschreibungsvariablen (V_2^{h} und V_2^{v} bzw. V_2^{r} und V_2^{o}) gleich bleibt. Die Spezifizierung der gerichteten Nachbarschaften als „oben“ und „rechts“ stellt jedoch eine wesentlich einschränkendere Formulierung von Beziehungen zwischen Objektklassen als die allgemeineren Relationen „vertikal“ und „horizontal“ dar.

Das Konzept der gerichteten Nachbarschaften und insbesondere die Erweiterung auf unsymmetrische Nachbarschaften ermöglicht — im Vergleich zu dem Nachbarschaftsbegriff aus Abschnitt 5.1 — die Festlegung deutlich strengerer Bedingungen zur Formulierung des Kontextwissens. Dies resultiert in einer stärkeren Einflußnahme auf die Zuordnungen $\boldsymbol{k}$ und hat, wie in den Anwendungen in Abschnitt 5.4 gezeigt wird, einen wesentlichen Einfluß auf die in Gleichung (5.7) definierte optimale Zuordnung $\boldsymbol{k}^*$. Im folgenden wird für die Formulierung des Kontextwissens ausschließlich Gleichung (5.35) genutzt.

5.2.5 Einführung virtueller Regionen und Objektklassen

Kontextwissen wird in dieser Arbeit als das Wissen über die relative Lage von Objekten im Bild definiert. Dieses Wissen resultiert aus der Kenntnis über die Positionierung von Objekten in der physikalischen Welt sowie aus der Kenntnis der Projektionseigenschaften, die bei der Bildaufnahme vorliegen. Unter der Annahme einer Bildaufnahme unter festgelegten Randbedingungen, insbesondere einer gleichbleibenden Kameraperspektive, besteht häufig Wissen über die Lage der Objekte bezogen auf die Bildränder. Dieses Wissen wird in der bisher vorliegenden Modellierung des Kontextwissens nicht genutzt. Der folgende Ansatz bietet die Möglichkeit auf systematische Weise die Modellierung des Kontextwissens zu erweitern.

Dazu werden die Definitionen der Regionen und der Objektklassen um „virtuelle" Elemente, d. h. „virtuelle" Regionen und „virtuelle" Objektklassen erweitert. Dabei handelt es sich jeweils um die oberen (Index OR), unteren (Index UR), linken (Index LR) und rechten (Index RR) Bildränder. Der Regionenvektor ergibt sich so zu

$$\boldsymbol{R} = (R_1, R_2, \ldots, R_N, R_{\mathrm{OR}}, R_{\mathrm{UR}}, R_{\mathrm{LR}}, R_{\mathrm{RR}})$$

und hat damit die Dimension $N' = N + 4$. Ebenso wird die Menge der Objektklassen um die Ränder erweitert und man erhält

$$\mathcal{O} = \{O_1, O_2, \ldots, O_M, O_{\mathrm{OR}}, O_{\mathrm{UR}}, O_{\mathrm{LR}}, O_{\mathrm{RR}}\}.$$

Die Anzahl der Mengenelemente erhöht sich dementsprechend ebenfalls um vier, es gilt $M' = M + 4$. Damit können jetzt auch Nachbarschaften zwischen Bildregionen und „virtuellen" Regionen angegeben werden. Abbildung 5.5 verdeutlicht diesen Zusammenhang. Für die Gibbs-Energie erhält man den Ausdruck

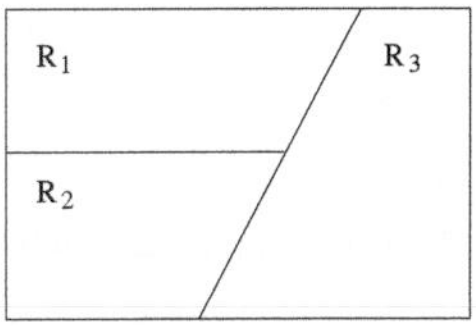

$$\begin{aligned}
\mathcal{N}^{\mathrm{r}}_{R_1} &= \{R_3\} & \mathcal{N}^{\mathrm{o}}_{R_1} &= \{R_{\mathrm{OR}}\}\\
\mathcal{N}^{\mathrm{r}}_{R_2} &= \{R_3\} & \mathcal{N}^{\mathrm{o}}_{R_2} &= \{R_1\}\\
\mathcal{N}^{\mathrm{r}}_{R_3} &= \{R_{\mathrm{RR}}\} & \mathcal{N}^{\mathrm{o}}_{R_3} &= \{R_1, R_2, R_{\mathrm{OR}}\}\\
\mathcal{N}^{\mathrm{r}}_{R_{\mathrm{LR}}} &= \{R_1, R_2\} & \mathcal{N}^{\mathrm{o}}_{R_{\mathrm{LR}}} &= \emptyset\\
\mathcal{N}^{\mathrm{r}}_{R_{\mathrm{RR}}} &= \emptyset & \mathcal{N}^{\mathrm{o}}_{R_{\mathrm{RR}}} &= \emptyset\\
\mathcal{N}^{\mathrm{r}}_{R_{\mathrm{OR}}} &= \emptyset & \mathcal{N}^{\mathrm{o}}_{R_{\mathrm{OR}}} &= \emptyset\\
\mathcal{N}^{\mathrm{r}}_{R_{\mathrm{UR}}} &= \emptyset & \mathcal{N}^{\mathrm{o}}_{R_{\mathrm{UR}}} &= \{R_2, R_3\}
\end{aligned}$$

Abbildung 5.5: Schemabild zur Erläuterung des Konzepts der virtuellen Regionen. Rechts neben der Grafik sind die Nachbarschaftsmengen der einzelnen Regionen angegeben. Entsprechend der Herleitung in Abschnitt 5.2.4 werden die dort eingeführten Nachbarschaftsbeziehungen „rechts von" und „oben von" angegeben.

$$U(\boldsymbol{k}) = \sum_{i=1}^{N'} V_1(k_i) + \sum_{i=1}^{N'} \left(\sum_{i' \in \mathcal{N}^{\mathrm{r}}_{R_i}} V_2^{\mathrm{r}}(k_i, k_{i'}) + \sum_{i' \in \mathcal{N}^{\mathrm{o}}_{R_i}} V_2^{\mathrm{o}}(k_i, k_{i'}) \right). \tag{5.36}$$

5.2.6 Ableitung der Energiefunktion

Aus den Ergebnissen der letzten beiden Abschnitte ergibt sich für das Optimierungsfunktional aus Gleichung (5.7)

$$\begin{aligned} p(\boldsymbol{d}\,|\,\boldsymbol{k})P(\boldsymbol{k}) &= \frac{1}{(2\pi)^{NL/2}\prod_{l=1}^{L}\sigma_l^N}\exp\left(-U(\boldsymbol{d}\,|\,\boldsymbol{k})\right)\frac{1}{Z}\exp\left(-U(\boldsymbol{k})\right) \qquad (5.37)\\ &= \frac{1}{(2\pi)^{NL/2}\prod_{l=1}^{L}\sigma_l^N}\frac{1}{Z}\exp\left(-(U(\boldsymbol{d}\,|\,\boldsymbol{k})+U(\boldsymbol{k}))\right). \qquad (5.38)\end{aligned}$$

Die geforderte Maximierung dieses Ausdrucks entspricht der Minimierung der im Exponenten auftretenden Energiefunktion. Damit ergibt sich die gesuchte Zuordnung $\boldsymbol{k}^*$ zu

$$\boldsymbol{k}^* = \arg\min_{\boldsymbol{k}}\left(U(\boldsymbol{d}\,|\,\boldsymbol{k})+U(\boldsymbol{k})\right). \qquad (5.39)$$

Die Zuordnung $\boldsymbol{k}^*$ stellt eine im Sinne der Bayesschen Schätztheorie optimale Lösung des Zuordnungsproblems dar. Für die Energiefunktionen gilt

$$U(\boldsymbol{d}\,|\,\boldsymbol{k}) = \sum_{i=1}^{N} B_{R_ik_i} \quad \text{mit} \quad B_{R_ik_i} = \sum_{l=1}^{L}\frac{(d_{lR_i}-D_{lk_i})^2}{2\sigma_l^2} \qquad (5.40)$$

und

$$U(\boldsymbol{k}) = \sum_{i=1}^{N'} V_1(k_i) + \sum_{i=1}^{N'}\left(\sum_{i'\in\mathcal{N}_{R_i}^{\mathrm{r}}} V_2^{\mathrm{r}}(k_i,k_{i'}) + \sum_{i'\in\mathcal{N}_{R_i}^{\mathrm{o}}} V_2^{\mathrm{o}}(k_i,k_{i'})\right). \qquad (5.41)$$

Unter der Annahme $V_1(k_i) = V_1 = \text{const.}$ ist der erste Summenterm unabhängig von der vorliegenden Zuordnung $\boldsymbol{k}$ und nimmt daher keinen Einfluß auf das Optimierungsergebnis. Gleichung (5.41) vereinfacht sich damit weiter zu

$$U(\boldsymbol{k}) \equiv U'(\boldsymbol{k}) = \sum_{i=1}^{N'}\left(\sum_{i'\in\mathcal{N}_{R_i}^{\mathrm{r}}} V_2^{\mathrm{r}}(k_i,k_{i'}) + \sum_{i'\in\mathcal{N}_{R_i}^{\mathrm{o}}} V_2^{\mathrm{o}}(k_i,k_{i'})\right). \qquad (5.42)$$

Durch Einsetzen der Gleichungen (5.40) und (5.42) in Gleichung (5.39) ergibt sich die endgültige Formulierung der Optimierungsaufgabe zu

$$\begin{aligned} \boldsymbol{k}^* &= \arg\min_{\boldsymbol{k}} E(\boldsymbol{R},\boldsymbol{k}) \qquad \text{mit}\\ E(\boldsymbol{R},\boldsymbol{k}) &= \sum_{i=1}^{N} B_{R_ik_i} + \sum_{i=1}^{N'}\left(\sum_{i'\in\mathcal{N}_{R_i}^{\mathrm{r}}} V_2^{\mathrm{r}}(k_i,k_{i'}) + \sum_{i'\in\mathcal{N}_{R_i}^{\mathrm{o}}} V_2^{\mathrm{o}}(k_i,k_{i'})\right), \qquad (5.43)\end{aligned}$$

wobei $E(\boldsymbol{R}, \boldsymbol{k})$ der in Gleichung (5.4) eingeführten Energiefunktion entspricht. Die freien Parameter des Systems, die Varianzen $\sigma_l, l \in \{1, \dots, L\}$ sowie die Cliquen-Potentialfunktionen $V_2^{\mathrm{I}}(k_i, k_{i'}), V_2^{\mathrm{O}}(k_i, k_{i'})$, mit $k_i, k_{i'} \in \mathcal{O}$, sind aufgabenabhängig festzulegen und werden in Abschnitt 5.4 anhand der Anwendungen spezifiziert.

Mit Gleichung (5.43) ist das Zuordnungsproblem innerhalb einer Optimierungsfunktion kodiert worden. Die Lösung $\boldsymbol{k}^*$ ist dadurch eindeutig definiert. Durch Einsatz eines Optimierungsverfahrens wird versucht, das globale Minimum der Energiefunktion und damit die Lösung zu bestimmen.

5.3 Optimierungsverfahren

Unter dem Begriff Optimierungsverfahren werden iterative Suchstrategien zur Bestimmung des (eines) globalen Minimums von Fehlerfunktionen zusammengefaßt. Die meisten lassen sich in die Kategorien der gradientenbasierten Optimierungsverfahren oder der direkten Optimierungsverfahren einordnen. Gradientenbasierte Verfahren setzen voraus, daß die Fehlerfunktion bezüglich ihrer Parameter differenzierbar ist. Sie operieren auf Information erster (Gradient) oder zweiter Ordnung (Hesse-Matrix) und garantieren die Konvergenz zu lokal optimalen Lösungen. Weist die Fehlerfunktion mehrere lokale Optima auf, so kann nicht garantiert werden, daß das globale Optimum gefunden wird.

Direkte Optimierungsverfahren nutzen nur den direkten Wert der Fehlerfunktion zur Optimierung. Enthält der Suchprozeß dabei einen stochastischen Anteil, so spricht man von direkten stochastischen Optimierungsverfahren. Zwei wichtige Vertreter dieser Kategorie sind der *simulated annealing* Algorithmus [55] sowie evolutionäre Algorithmen (für einen Überblick s. [5]). Den Verfahren ist gemeinsam, daß sie — ausgehend von einer oder mehreren aktuellen Lösungen — auf Basis eines Zufallsprozesses neue Kandidatenlösungen erzeugen und diese gemäß einer definierten Akzeptanzfunktion behalten oder verwerfen.

Im vorliegenden Fall erlaubt die Verwendung evolutionärer Algorithmen durch die Definition spezieller probabilistischer Operatoren zur Modellierung des Zufallsprozesses die Formulierung einer problemangepaßten Suchstrategie. Wesentlich ist hierbei die Nutzung der Nachbarschaftsbeziehungen bei der Entwicklung und Implementation der Suchoperatoren. Nach einer kurzen Einführung in die Thematik evolutionärer Algorithmen werden die in dieser Arbeit verwendeten Operatoren vorgestellt.

5.3.1 Evolutionäre Algorithmen

Evolutionäre Algorithmen nutzen Grundprinzipien der biologischen Evolution zur Optimierung. Sie operieren auf einer Menge von Individuen, von denen jedes eine potentielle Lösung der gestellten Optimierungsaufgabe repräsentiert. Die Menge der Kandidatenlösungen wird als Population bezeichnet. Jedem Individuum einer Population wird ein Fitneßwert zugewiesen, der die Qualität der Lösung widerspiegelt. Ziel der Verfahren ist es, ausgehend von einer Startpopulation sukzessive neue Populationen zu generieren, die sich durch bessere Fitneßwerte ihrer Individuen auszeichnen. Zur Erzeugung neuer Kandidatenlösungen kommen probabilistische Operatoren wie Rekombination und Mutation zum Einsatz [5]. Diese werden auch unter dem Begriff Reproduktion zusammengefaßt. Bei der Rekombination entstehen neue Individuen durch Kombination verschiedener Teile mindestens zweier Individuen der Elternpopulation. Sie bilden die Ausgangsbasis für den sich anschließenden Mutationsvorgang. Mittels des Mutationsoperators wird zufallsgesteuert eine zumeist kleine Veränderung an den Individuen vorgenommen. Aus der Menge der neu erzeugten Individuen und evtl. den Individuen der alten Population werden die Mitglieder der neuen Population mittels eines Selektionsoperators ausgewählt.

Zur Verdeutlichung ist der Ablauf eines evolutionären Algorithmus schematisch in Algorithmus 7 dargestellt. $\mathcal{P}(t)$ bezeichnet dabei eine Population von μ Individuen der

Algorithmus 7 — Schema eines evolutionären Algorithmus (nach [5]).

Setze die Zählvariable $t := 0$	
Initialisiere die Startpopulation $\mathcal{P}(t) := \{\boldsymbol{I}_1(t), \ldots, \boldsymbol{I}_\mu(t)\}$	
Bewerte $\mathcal{P}(t)$: $\{F(\boldsymbol{I}_1(t)), \ldots, F(\boldsymbol{I}_\mu(t))\}$	
Endkriterium noch nicht erreicht?	
Rekombiniere	$\mathcal{P}'(t) := r(\mathcal{P}(t))$
Mutiere	$\mathcal{P}''(t) := m(\mathcal{P}'(t))$
Bewerte	$\mathcal{P}''(t)$: $\{F(\boldsymbol{I}_1''(t)), \ldots, F(\boldsymbol{I}_\lambda''(t))\}$
Selektiere	$\mathcal{P}(t+1) := s(\mathcal{P}''(t) \cup \mathcal{Q})$
$t := t+1$	

Generation t, wobei die Individuen $\boldsymbol{I}_i(t), i \in \{1, \ldots, \mu\}$ durch Vektoren repräsentiert werden. Die Buchstaben r, m, und s stellen Abkürzungen für die Operatoren der Rekombination, Mutation und Selektion dar, mit F wird die bewertende Fitneßfunktion bezeichnet. Die Anzahl der Elemente der durch Rekombination und Mutation entstehenden Nachkommengeneration $\mathcal{P}''(t)$ wird mit λ bezeichnet. Für die Menge $\mathcal{Q}$ gilt abhängig von der gewählten Variante des evolutionären Algorithmus $\mathcal{Q} = \emptyset$ oder $\mathcal{Q} = \mathcal{P}(t)$. Damit erfolgt die Selektion wahlweise auf der Nachkommenpopulation oder auf der Vereinigungsmenge von Eltern- und Nachkommenpopulation.

Wird das in diesem Kapitel behandelte Zuordnungsproblem, welches entsprechend Gleichung (5.43) als Optimierungsaufgabe formuliert wurde, im Kontext evolutionärer

Algorithmen betrachtet, so erhalten die im letzten Abschnitt zunächst abstrakt eingeführten Begriffe die folgende Bedeutung. Die Individuen $\boldsymbol{I}$ entsprechen den Zuordnungsvektoren $\boldsymbol{k}$, das nach Ablauf der evolutionären Optimierung bestimmte „beste" Individuum der gefundenen Lösung $\hat{\boldsymbol{k}}^*$. Stimmt diese Lösung mit der als globales Optimum der Energiefunktion definierten Lösung $\boldsymbol{k}^*$ überein, so ist das Optimierungsziel erreicht. Die dem Optimierungsprozeß zugrundeliegende Fitneßfunktion wird aus der Energiefunktion abgeleitet und ergibt sich zu $F(\boldsymbol{I}) = -E(\boldsymbol{I})$, mit $\boldsymbol{I} = \boldsymbol{k}$. Dabei wird die geforderte Minimierung der Energiefunktion in eine Maximierung der Fitneßfunktion abgebildet.

Um Rekombination, Mutation und Selektion während des Evolutionsvorgangs zu realisieren, wurde eine Reihe unterschiedlicher Operatoren entwickelt. Eine ausführliche Übersicht findet sich beispielsweise in [5, 57]. Die Wahl der Operatoren beeinflußt entscheidend das Konvergenzverhalten des Algorithmus und bestimmt somit die Güte der gefundenen Lösung $\hat{\boldsymbol{k}}^*$ sowie die Geschwindigkeit, mit der diese erreicht wird. Häufig sind Eigenschaften des Optimierungsproblems bekannt. Gelingt es, diese in geeigneter Form bei der Formulierung der Operatoren umzusetzen, so erweisen sich derartige problemangepaßte Operatoren oftmals den Standardoperatoren als überlegen. Im folgenden Abschnitt werden die in dieser Arbeit zur Optimierung eingesetzten Operatoren im einzelnen vorgestellt.

5.3.2 Verwendete Operatoren

In Abschnitt 5.2 wird das Optimierungsfunktional aus den Beiträgen von Beobachtung und Kontextwissen abgeleitet (s. Gleichung (5.43)). Diese beiden Aspekte finden sich bei der Definition problemangepaßter Suchoperatoren wieder. Während die auf der Grundlage der Beobachtung gewonnene Information über gute Zuordnungen für die Formulierung des Mutationsoperators verwendet wird, basiert der Rekombinationsoperator auf der Nutzung der zur Beschreibung des Kontextwissens etablierten Nachbarschaftsstruktur. Zur Selektion wird ein Standardoperator aus dem Bereich evolutionärer Algorithmen gewählt.

Rekombination

Eine wichtige Eigenschaft evolutionärer Algorithmen ist ihre Fähigkeit, Informationen über bereits betrachtete Bereiche des Suchraums zu speichern und zur gezielten Auswahl neuer Suchbereiche zu nutzen. Diese Fähigkeit basiert u. a. auf der Verwendung eines Populationsansatzes, d. h. der gleichzeitigen Betrachtung einer Menge an Kandidatenlösungen, in denen Wissen über den vorausgegangenen Suchprozeß gespeichert ist. Sie wird im Prinzip der Rekombination technisch umgesetzt.

Der Rekombination liegt die Idee zugrunde, daß durch Kombination der Eigenschaften guter Individuen weitere gute, möglichst bessere, Individuen erzeugt werden können. Ein Standardoperator zur Rekombination ist das Überkreuzen. Es gibt viele Varianten, ein einfaches Beispiel ist in Abbildung 5.6 angegeben. Im linken Bildbereich sind oben

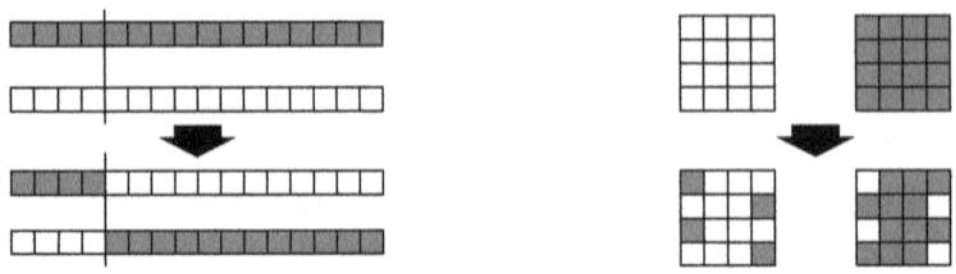

Abbildung 5.6: Darstellung der Rekombination durch Überkreuzen. Links: Elternindividuen und die sich ergebenen Nachkommenindividuen. Rechts: Korrespondierende Bildregionen.

die beiden durch unterschiedliche Grauwerte gekennzeichneten Elternindividuen dargestellt. Durch Überkreuzen von Segmenten der Elternindividuen an dem mit einem vertikalen Strich gekennzeichneten Überkreuzungspunkt entstehen zwei neue Individuen. Die Position des Überkreuzungspunktes wird dabei zufällig ausgewählt. Varianten des Überkreuzungsoperators entstehen beispielsweise durch Änderungen der Anzahl an Überkreuzungspunkten. Wird eine derartige Vorgehensweise bei der hier vorliegenden Problemstellung angewandt, so könnte bei dem in Abbildung 5.6 gewählten Beispiel die im rechten Bildbereich gezeigte Situation auftreten. In der Darstellung sind vier Bilder zu sehen, in denen schematisch jeweils eine Aufteilung in 16 Bildregionen vorgenommen wurde und die mit den im linken Bildbereich dargestellten Individuen korrespondieren. Die Bildregionen, in denen die Zuordnungen der jeweiligen Elternteile von den Nachkommen übernommen werden, sind abhängig von der Position, an der die Regionen im Individuum repräsentiert werden. Da diese keinem Ordnungsprinzip unterliegt, sind die Bildregionen, in denen die Zuordnung eines Elternteils übernommen wird, zufällig im Bild verteilt.

Da in dem vorliegenden Optimierungsproblem die Zuordnung einer Region mit den Zuordnungen der ihr benachbarten Regionen gekoppelt ist, wird im folgenden ein Rekombinationsoperator vorgeschlagen, der diese Nachbarschaft auch beim Austausch von Informationen berücksichtigt. Er ist in Abbildung 5.7 dargestellt. Anstelle eines Über-

Abbildung 5.7: Darstellung des vorgeschlagenen Rekombinationsoperators. Links: Elternindividuen und die sich ergebenen Nachkommenindividuen. Rechts: Korrespondierende Bildregionen.

kreuzungspunktes wird ein Element eines Elternindividuums zufällig ausgewählt. Es ist in der Abbildung mit „X“ gekennzeichnet. Die Elemente, die von diesem Elternindividuum an einen Nachkommen weitergegeben werden, werden anhand der Nachbarschaften, der zu „X“ korrespondierenden Bildregion bestimmt. Damit ist es möglich, durch Rekombination jeweils zusammenhängende Bildbereiche auszutauschen.

Mutation

Mutationsoperatoren bringen das Prinzip der Zufallssuche in den Reproduktionsprozeß ein und stellen somit sicher, daß prinzipiell eine vollständige Exploration des Suchraums stattfinden kann. Sie variieren jedes Element eines Individuums mit der Mutationswahrscheinlichkeit p_m. Stellen die Elemente der Individuen symbolische Werte dar, so werden diskrete Mutationsoperatoren angewandt. Diese weisen dem zur Mutation ausgewählten Element einen neuen, der erlaubten Symbolmenge entnommenen Wert zu. Ohne Nutzung von Vorwissen unterliegt die Auswahl des neuen Wertes einer Gleichverteilung.

In der vorliegenden Arbeit wird eine Modulierung der Wahrscheinlichkeitsverteilung vorgeschlagen, die die spezielle Problemstellung berücksichtigt und das Konvergenzverhalten des Algorithmus positiv beeinflußt. Es wird ausgenutzt, daß die Elemente der Individuen die Zuordnung von Objektklassen zu speziellen Bildregionen repräsentieren. Aufgrund der beobachteten Merkmalkonfiguration einer Region, ist eine Zuordnung zu einigen Objektklassen wahrscheinlicher als zu anderen (s. auch Abschnitt 5.2.2). Dieser Zusammenhang wird qualitativ in der Matrix $\boldsymbol{B}$ aus Gleichung (5.13) beschrieben, deren Werte $B_{R_iO_j}$ ein Maß für den Merkmalabstand der Bildregionen R_i zu den Objektklassen O_j, mit $j = 1, \ldots, M$ sind. Wird eine zeilenweise Normierung der Matrix entsprechend

$$B^{\mathrm{N}}_{R_iO_j} = \frac{B_{R_iO_j}}{\sum_{j=1}^{M} B_{R_iO_j}} \tag{5.44}$$

durchgeführt, so können die einzelnen Einträge $B^{\mathrm{N}}_{R_iO_j}$ als Wahrscheinlichkeit für die Zuordnung spezieller Objektklassen zu den Regionen interpretiert werden. Diese Wahrscheinlichkeiten sind abhängig von der betrachteten Region und damit vom zur Mutation ausgewählten Element des Individuums und werden im folgenden zur Auswahl neuer Werte bei der Durchführung der Mutation berücksichtigt.

Selektion

Zur Selektion wird ein Standardoperator verwendet, der unter dem Namen Turnier-Selektion (vom EP-Typ[2]) bekannt ist [24]. In dieser Selektionsform wird jedes Individuum der Eltern- und Nachkommenpopulation mit q zufällig aus der Gesamtmenge von Eltern und Nachkommen ausgewählten sogenannten „Gegner-Individuen“ verglichen. Die Anzahl der Vergleiche, in denen sein Fitneßwert größer oder gleich der seiner „Gegner“ ist, wird bestimmt. Die in Bezug auf diesen Wert besten μ Individuen aus der Gesamtmenge von Eltern- und Nachkommenpopulation bilden die nächste Elternpopulation. Kommt

[2]Er entstammt einer speziellen Version evolutionärer Algorithmen, der „Evolutionären Programmierung“ (EP) [24].

es aufgrund gleicher Werte zu Mehrdeutigkeiten, so wird das Individuum mit der besten Fitneß ausgewählt. Durch Variation des Parameters q wird der stochastische Anteil des Selektionsverfahrens moduliert. Niedrige Werte resultieren in einer hohen stochastischen Komponente, hohe Werte dagegen in einer niedrigen. Für den Grenzfall, daß q gleich der Gesamtanzahl von Eltern- und Nachkommenindividuen $\mu + \lambda$ gewählt wird, handelt es sich um eine deterministische Selektion.

Die EP-Typ Turnier-Selektion zählt zu den *Elitisten*-Strategien, d. h. das beste bisher gefundene Individuum bleibt immer erhalten. RUDOLPH konnte zeigen, daß eine derartige Strategie notwendig ist, um die globale Konvergenz eines evolutionären Algorithmus sicherzustellen [97].

Der in diesem Abschnitt vorgestellte evolutionäre Algorithmus wird unter Verwendung der aufgeführten Operatoren zur Lösung des als Optimierungsaufgabe formulierten Zuordnungsproblems eingesetzt. Im folgenden Abschnitt werden die Ergebnisse anhand einiger Anwendungen präsentiert.

5.4 Anwendungen

Das entwickelte Verfahren wurde auf unterschiedlichen Bildsequenzen aus dem Straßenverkehr getestet. Die Diskussionen in den vorangegangenen Abschnitten haben bereits die Einflußparameter aufgezeigt, denen der gewählte Ansatz unterliegt. Dazu gehören die Gültigkeit der Markov-Bedingung (s. Gleichung (5.17)), die Qualität der Bildsegmentierung, die Diskriminierungsfähigkeit der gewählten Merkmalkonfiguration zur Beschreibung der Objektklassen, die Mächtigkeit des eingekoppelten Kontextwissens sowie die Leistungsfähigkeit der gewählten Optimierungsstrategie. Um das Verfahren unter kontrollierbaren Randbedingungen testen zu können, wird zunächst auf simulierten Daten unter der Annahme einer idealen Segmentierung gearbeitet und die prinzipielle Tragfähigkeit des Ansatzes gezeigt. Im Anschluß daran wird der Einsatz des Verfahrens in praktischen Anwendungen anhand mehrerer realer Straßenverkehrsszenen untersucht und seine Leistungsfähigkeit aufgezeigt. Die Ergebnisse werden im Anschluß diskutiert.

5.4.1 Simulierte Straßenverkehrsszenen

In diesem Abschnitt werden synthetische Bilder betrachtet, die Szenarien aus dem Bereich des Straßenverkehrs simulieren. Sie enthalten die Objekte Himmel, Vegetation, Straße, Fahrbahnmarkierung, Fahrzeug und Schatten. Zusammen mit den Rändern als virtuellen Objektklassen ergibt sich damit die Objektmenge zu

$$\begin{aligned} \mathcal{O} = \{&\mathrm{OR}, \mathrm{UR}, \mathrm{LR}, \mathrm{RR}, \mathrm{Vegetation}, \mathrm{Schatten}, \\ &\mathrm{Himmel}, \mathrm{Straße}, \mathrm{Markierung}, \mathrm{Fahrzeug}\}. \end{aligned} \tag{5.45}$$

Das Kontextwissen ist in den Tabellen 5.1 und 5.2 kodiert. Die Einträge der Tabellen korrespondieren direkt mit den Cliquenpotentialfunktionen V_2^{O} und V_2^{T}. Es wurde eine binäre

Kodierung gewählt. Ein negativer Eintrag an der Position (j',j) der Tabelle 5.1 bewertet die Zuordnung „Objektklasse j über Objektklasse j' “ positiv, ein positiver dementsprechend negativ. Für die Einträge aus Tabelle 5.2 gilt entsprechendes.

	OR	UR	LR	RR	Veg	Sch	Him	Str	Mar	Fah
OR	1	1	1	1	1	1	1	1	1	1
UR	1	1	1	1	1	1	1	-1	-1	1
LR	1	1	1	1	1	1	1	1	1	1
RR	1	1	1	1	1	1	1	1	1	1
Vegetation	1	1	1	1	1	1	-1	1	1	1
Schatten	1	1	1	1	1	1	1	1	1	-1
Himmel	-1	1	1	1	1	1	1	1	1	1
Straße	1	1	1	1	-1	-1	-1	1	-1	1
Markierung	1	1	1	1	-1	1	-1	-1	1	1
Fahrzeug	1	1	1	1	-1	1	-1	1	1	1

Tabelle 5.1: Definition der Cliquen-Potentialfunktion V_2^{O}.

	OR	UR	LR	RR	Veg	Sch	Him	Str	Mar	Fah
OR	1	1	1	1	1	1	1	1	1	1
UR	1	1	1	1	1	1	1	1	1	1
LR	1	1	1	1	-1	-1	-1	-1	-1	-1
RR	1	1	1	1	1	1	1	1	1	1
Vegetation	1	1	1	-1	1	-1	1	-1	-1	-1
Schatten	1	1	1	-1	-1	1	1	-1	-1	-1
Himmel	1	1	1	-1	1	1	1	1	1	-1
Straße	1	1	1	-1	-1	-1	1	1	-1	-1
Markierung	1	1	1	-1	-1	-1	1	-1	1	-1
Fahrzeug	1	1	1	-1	-1	-1	-1	-1	-1	-1

Tabelle 5.2: Definition der Cliquen-Potentialfunktion V_2^{T}.

Ergebnisse

Die durchgeführten Experimente gliedern sich in zwei Teile. Im ersten Teil der Untersuchungen werden die im Optimierungsprozeß gefundenen Lösungen $\hat{\boldsymbol{k}}^*$ analysiert, die sich ergeben, wenn die Optimierungsfunktion aus Gleichung (5.43) auf den Beitrag des

Kontextwissens reduziert wird. Für diesen Fall kann mit

$$E_{\text{min}} = \sum_{i=1}^{N'} \left(\sum_{i' \in \mathcal{N}_{R_i}^{\text{T}}} (-1) + \sum_{i' \in \mathcal{N}_{R_i}^{\text{o}}} (-1) \right) \tag{5.46}$$

eine untere Grenze für die Energiefunktion angegeben werden:

$$E(\boldsymbol{k}) \geq E_{\text{min}}, \qquad \forall \boldsymbol{k}. \tag{5.47}$$

Der Grenzwert wird unter der Annahme einer idealen, widerspruchsfreien Bildsegmentierung von den globalen Optima der Energiefunktion $E(\boldsymbol{k}^*)$ angenommen. Damit ist ein Kriterium zur Beurteilung der vom Optimierungsverfahren gefundenen Ergebnisse $\hat{\boldsymbol{k}}^*$ vorhanden. Ein Vergleich der Energiefunktion ausgewertet für die Zuordnung $\hat{\boldsymbol{k}}^*$ mit E_{min} zeigt, ob die gefundene Lösung mit dem globalen Optimum korrespondiert. Ist dies der Fall, so kann weiterhin überprüft werden, ob die Kodierung des Kontextwissens entsprechend der Tabellen 5.1 und 5.2 eine korrekte Problemformulierung darstellt, ob also die gesuchte Zuordnung $\boldsymbol{k}_{\text{wahr}}$ einem Optimum der Energiefunktion entspricht.

In allen durchgeführten Experimenten konnte gezeigt werden, daß die im Optimierungsprozeß gefundene Zuordnung $\hat{\boldsymbol{k}}^*$ ein globales Minimum der Energiefunktion darstellt. Weiterhin entspricht in allen Fällen die gesuchte Zuordnung einem globalen Optimum. Damit handelt es sich bei der gewählten Kodierung um eine korrekte Problemformulierung. Es zeigt sich jedoch, daß die Energiefunktion mehrere globale Optima besitzen kann und somit die gesuchte Zuordnung nicht eindeutig kodiert ist.

Die Abbildung 5.8 zeigt anhand dreier Beispielbilder die Zuordnungen, die sich durch Optimierung der Energiefunktion ergeben. Dargestellt sind jeweils das Original sowie zwei Lösungen, die beide ein globales Optimum der Energiefunktion repräsentieren. Die Zuordnungen sind anhand der Farbwahl in den Bildern zu erkennen, die dabei gewählte Farbpalette ist im oberen Bildbereich dargestellt. Während in den Originalbildern Fahrzeuge mit unterschiedlichen Farben auftauchen können, ist in den Ergebnisbildern eine einheitliche (rote) Darstellung gewählt worden.

Anhand der Abbildungen erkennt man, daß Abweichungen von der gewünschten, „idealen“ Zuordnung immer in Kombinationen auftreten. Die Situationen „Fahrzeug über Schatten“ werden durch „Vegetation über Markierung“ ersetzt und umgekehrt. Ein Vergleich der Einträge der Cliquen-Potentialfunktion dieser Kombinationen aus Tabelle 5.1 und 5.2 erklärt diesen Zusammenhang: Beide Kombinationen stellen eine gültige Zuordnung dar. Eine Auflösung der Mehrdeutigkeiten kann allein auf Basis des Kontextwissens nicht durchgeführt werden. Hier muß der Beitrag der Beobachtung, der bei der Untersuchung nicht berücksichtigt wurde, die ergänzende Information zur korrekten Zuordnung zur Verfügung stellen.

Im zweiten Teil der durchgeführten Experimente wird die Mächtigkeit der Kontextbedingungen untersucht. Dazu wird die vollständige Energiefunktion entsprechend Gleichung (5.43) betrachtet. Die Einträge der Matrix $B_{R_iO_j}$ stellen Maße dar, die die Ähnlichkeit der Merkmale von Region R_i und Objektklasse O_j bewerten. Für den Idealfall

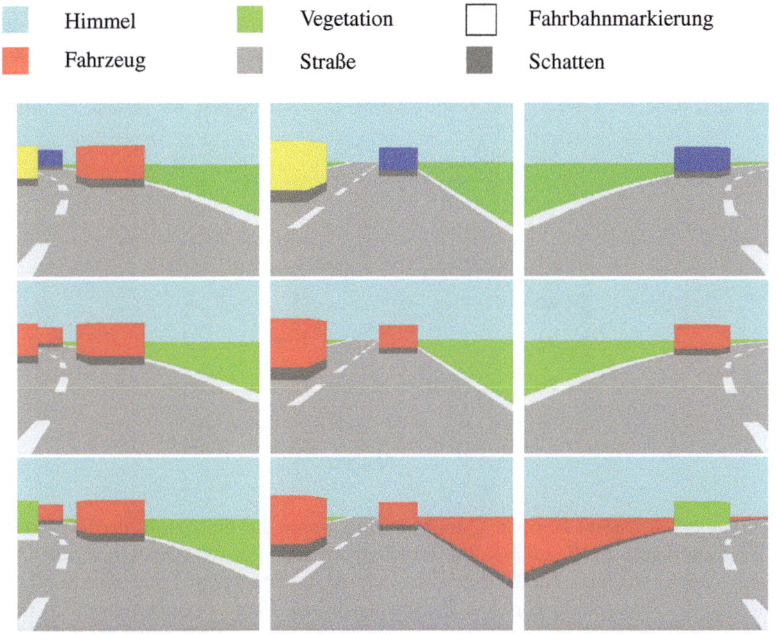

Abbildung 5.8: Ergebnisse des Zuordnungsprozeßes auf Basis des Kontextwissens. Oben: Originalbilder. Mitte, Unten: Zuordnungen, die einem globalen Optimum der Energiefunktion entsprechen.

rauschfreier Signale und signifikanter Merkmale gilt für jede Region R_i

$$j' = \arg\min_{j} B_{R_i O_j} \quad \text{mit} \quad O_{j'} \mathrel{\widehat{=}} \text{korrekte Zuordnung}, \tag{5.48}$$

d. h. der Abstand zur „ideal" zugeordneten Objektklasse ist kleiner als zu allen anderen. Damit kann die Zuordnung allein auf Basis der Beobachtung korrekt bestimmt werden. Wird diese Annahme verletzt, so kommt es zu Fehlzuordnungen. In den durchgeführten Experimenten wurde untersucht, inwieweit durch Kontextwissen die Anzahl der Fehlzuordnungen reduziert werden kann.

Es wurde eine Testmenge bestehend aus 15 Bildern verwendet. Für jedes dieser Bilder wurde die initiale Belegung der Matrix $\boldsymbol{B}$ entsprechend

$$\begin{aligned} B_{R_i O_{j'}} &= B_1 \qquad O_{j'} \mathrel{\widehat{=}} \text{korrekte Zuordnung} \\ B_{R_i O_j} &= B_2 \qquad \forall j, j \neq j' \end{aligned}$$

mit $B_1 < B_2$ gewählt und durch Addition einer normalverteilten Zufallsvariable ($\sim N(0, \sigma^2)$) verrauscht. Pro Bild wurden 40 zufällige Belegungen der Matrix $\boldsymbol{B}$ erzeugt. Abbildung 5.9 zeigt die Anzahl korrekter Zuordnungen mit (d. h. nach erfolgter Optimierung) und ohne Verwendung von Kontextwissen in Abhängigkeit der Varianz σ^2. Man

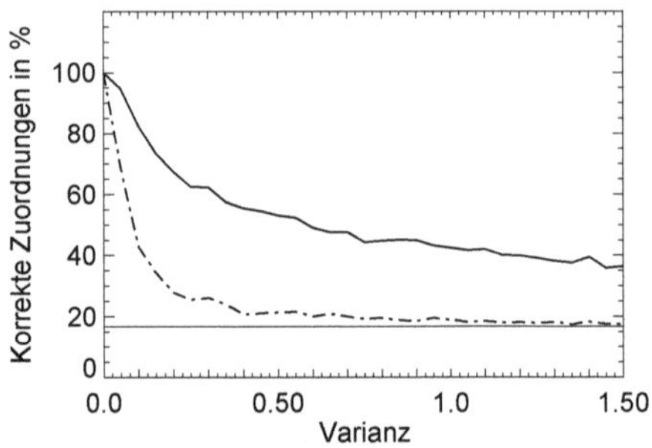

Abbildung 5.9: Anzahl korrekter Zuordnungen normiert auf die Anzahl der Regionen. Dargestellt sind die Ergebnisse für die Parameterwerte $B_1 = 0.9$ und $B_2 = 1.0$. Die durchgezogene Linie stellt die Ergebnisse *mit*, die strichpunktierte Linie *ohne* Kontextwissen dar. Die Anzahl korrekter Zuordnungen ohne Kontextwissen konvergiert mit steigender Varianz gegen den Kehrwert $1/M$ der Anzahl der Objektklassen M. Dieser ist zum Vergleich ebenfalls als durchgezogene Linie eingezeichnet.

erkennt, daß die Anzahl korrekter Zuordnungen ohne Verwendung von Kontextwissen mit steigender Varianz schnell abnimmt und gegen einen Endwert konvergiert. Dieser Wert entspricht dem Kehrwert der Anzahl der Objektklassen M (Hier $M = 6$.) und damit dem Fall, daß alle Zuordnungen mit der gleichen Wahrscheinlichkeit getroffen werden. Demgegenüber sinkt die Anzahl der korrekten Zuordnungen unter Verwendung von Kontextwissen deutlich geringer und weist auch für große Varianzen noch einen Wert auf, der sich deutlich von einer Gleichverteilung unterscheidet.

Für praktische Anwendungen ist der Bereich kleiner Varianzen von besonderem Interesse. Dieser simuliert den Fall, daß bereits aufgrund modellbasierter Klassifikatoren ohne Verwendung von Kontextwissen ein großer Anteil der Regionen richtig klassifiziert wird. Interessant sind die Verbesserungen, die durch Nutzung des Kontextwissens hier noch möglich sind. Abbildung 5.10 stellt dazu einen Ausschnitt aus Abbildung 5.9 in größerer Auflösung dar. Bis zu einem Wert von 75% an korrekten Zuordnungen ohne Kontextwissen ist die Rekonstruktion der korrekten Zuordnung unter Hinzunahme von Kontextwissen auf einen Wert über 99% möglich. Nimmt die Anzahl der korrekten Zuordnungen ohne Kontextwissen weiter ab, so kann die „ideale“ Zuordnung auch unter

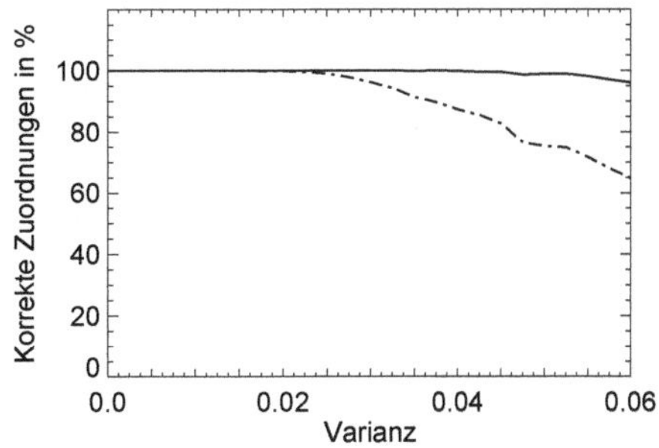

Abbildung 5.10: Anzahl korrekter Zuordnungen normiert auf die Anzahl der Regionen. Dargestellt sind die Ergebnisse für die Parameterwerte $B_1 = 0.9$ und $B_2 = 1.0$. Die durchgezogene Linie stellt die Ergebnisse *mit*, die strichpunktierte Linie *ohne* Kontextwissen dar.

Verwendung von Kontextwissen nicht gefunden werden. Es sind jedoch auch hier deutliche Steigerungen gegenüber der Betrachtung ohne Kontextwissen vorhanden.

In den folgenden Tabellen 5.3-5.5 sind die Zuordnungen mit und ohne Verwendung von Kontextwissen für drei verschiedene Varianzen angegeben. Ein Eintrag an der Position (j, j') zeigt dabei die Häufigkeit, mit der die Objektklasse $O_{j'}$ der Objektklasse O_j zugeordnet wurde. Im Idealfall rauschfreier Signale werden auch ohne Kontextwissen alle Regionen korrekt klassifiziert (s. Tabelle 5.3). Für eine Varianz von 0.05 ist die Beobachtung bereits stark gestört, was sich in Tabelle 5.4 durch eine große Abweichung von der Diagonalform bemerkbar macht. Durch Verwendung von Kontextwissen wird die Anzahl der Fehlzuordnungen deutlich gesenkt. Fehlzuordnungen treten zwischen den Objektklassen „Markierung“ und „Schatten“ sowie „Vegetation“ und „Fahrzeug“ auf, was mit den Ergebnissen in Abbildung 5.8 korrespondiert. Dabei muß berücksichtigt werden, daß in den durchgeführten Simulationen die Einträge der Abstandsmatrix $\boldsymbol{B}$ und nicht die beobachteten Merkmale selbst verrauscht wurden. In Tabelle 5.5 ist der Fall gezeigt, daß die Zuordnungen ohne Verwendung von Kontextwissen bereits näherungsweise gleichverteilt aus der Menge der möglichen Zuordnungen gewählt werden. Durch Nutzung von Kontextwissen wird die Anzahl der Fehlzuordnungen wiederum deutlich gesenkt, Abweichungen von der Diagonalform sind jedoch nicht zu vermeiden.

Nachdem anhand der synthetischen Bilddaten die prinzipielle Tragfähigkeit des gewählten Ansatzes gezeigt werden konnte, wird im folgenden Abschnitt der Einsatz des Verfahrens anhand mehrerer realer Straßenverkehrsszenen untersucht.

	Veg	Sch	Him	Str	Mar	Fah	Veg	Sch	Him	Str	Mar	Fah
Vegetation	1206	0	0	0	0	0	1206	0	0	0	0	0
Schatten	0	1206	0	0	0	0	0	1206	0	0	0	0
Himmel	0	0	603	0	0	0	0	0	603	0	0	0
Straße	0	0	0	1206	0	0	0	0	0	1206	0	0
Markierung	0	0	0	0	5025	0	0	0	0	0	5025	0
Fahrzeug	0	0	0	0	0	1206	0	0	0	0	0	1206

Tabelle 5.3: Zuordnungen ohne und mit Verwendung von Kontextwissen. Dargestellt sind die Ergebnisse für die Parameterwerte $B_1 = 0.9$ und $B_2 = 1.0$ sowie einer Varianz von $\sigma^2 = 0$.

	Veg	Sch	Him	Str	Mar	Fah	Veg	Sch	Him	Str	Mar	Fah
Vegetation	785	99	33	74	359	80	1168	0	0	2	0	23
Schatten	64	801	31	68	242	60	0	1183	0	0	39	0
Himmel	98	80	421	77	317	62	0	0	603	0	0	0
Straße	73	68	33	840	291	56	0	9	0	1193	41	0
Markierung	76	70	37	76	3418	75	0	14	0	10	4945	0
Fahrzeug	110	88	48	71	398	873	38	0	0	1	0	1183

Tabelle 5.4: Zuordnungen ohne und mit Verwendung von Kontextwissen. Dargestellt sind die Ergebnisse für die Parameterwerte $B_1 = 0.9$ und $B_2 = 1.0$ sowie einer Varianz von $\sigma^2 = 0.05$.

5.4.2 Reale Straßenverkehrsszenen

Die untersuchten Bilder entstammen verschiedenen Bildsequenzen, die Autobahnszenarien aus der Perspektive eines PKW-Fahrers darstellen. Die Bilder wurden mit dem in Kapitel 4 beschriebenen Verfahren segmentiert. Um die Anzahl der entstehenden Regionen weiter zu beschränken wurde eine Mindestgröße der Bildregionen von 40 Bildpunkten gefordert. Kleinere Bildregionen wurden in die sie umgebenden Regionen integriert. Die Menge der in den Szenen enthaltenen Objekte ergibt sich unter Hinzunahme der Ränder als virtuellen Objektklassen zu

$$\mathcal{O} = \{\mathrm{OR}, \mathrm{UR}, \mathrm{LR}, \mathrm{RR}, \mathrm{Vegetation}, \mathrm{Schatten}, \\ \mathrm{Himmel}, \mathrm{Straße}, \mathrm{Markierung}, \mathrm{Fahrzeug}\} \tag{5.49}$$

und entspricht damit der Objektmenge, die für den Fall synthetischer Daten betrachtet wurde.

Das Kontextwissen ist in den Tabellen 5.6 und 5.7 kodiert. Im Gegensatz zu der Betrachtung synthetischer Daten muß im Fall realer Bilddaten bei der Kodierung des Kontextwissens das Auftreten nicht idealer Segmentierungen berücksichtigt werden. Übersegmentierungen führen beispielsweise dazu, daß benachbarte Regionen der gleichen Objektklasse zugeordnet werden sollen. Somit muß bei der Kodierung des Kontextwissens

	Veg	Sch	Him	Str	Mar	Fah	Veg	Sch	Him	Str	Mar	Fah
Vegetation	233	174	83	167	748	164	656	90	0	110	20	332
Schatten	205	273	105	226	831	214	1	726	0	78	568	2
Himmel	190	168	124	167	811	164	12	2	603	56	154	4
Straße	179	175	92	251	696	179	96	152	0	700	853	107
Markierung	197	195	95	194	1067	197	27	226	0	192	3316	28
Fahrzeug	202	221	104	201	872	288	414	10	0	70	114	733

Tabelle 5.5: Zuordnungen ohne und mit Verwendung von Kontextwissen. Dargestellt sind die Ergebnisse für die Parameterwerte $B_1 = 0.9$ und $B_2 = 1.0$ sowie einer Varianz von $\sigma^2 = 0.5$.

der Zusammenhang „Objektklasse j über/rechts von Objektklasse j'" positiv bewertet, also mit dem Wert -1 belegt werden. Weiterhin führen neben Fehlsegmentierungen auch der komplexere Bildinhalt, die Beleuchtungsverhältnisse sowie die Kamerageometrie dazu, daß Kombinationen von unterschiedlichen Objektklassen auftreten können, die für synthetische Daten ausgeschlossen werden konnten. Ein Beispiel hierfür ist der Zusammenhang „Straße über Schatten", der in realen Bildern häufig auftritt und daher positiv bewertet werden muß. Insgesamt betrachtet nimmt die Anzahl der günstigen Zuordnungen $\boldsymbol{k}$, d. h. der Zuordnungen für die der Beitrag des Kontextwissens zur Energiefunktion (5.43) ein Minimum annimmt, zu. Das Kontextwissen, das für reale Daten aufgestellt werden kann, ist damit weniger mächtig als im Fall synthetischer Bilddaten und der Einfluß des Beitrags der Beobachtung zur Bestimmung des globalen Optimums vergrößert sich.

	OR	UR	LR	RR	Veg	Sch	Him	Str	Mar	Fah
OR	-1	1	1	1	1	1	1	1	1	1
UR	1	-1	1	1	1	1	1	-1	-1	1
LR	1	1	-1	1	1	1	1	1	1	1
RR	1	1	1	-1	1	1	1	1	1	1
Vegetation	1	1	1	1	-1	1	-1	1	1	1
Schatten	1	1	1	1	1	-1	1	-1	1	-1
Himmel	-1	1	1	1	1	1	-1	1	1	1
Straße	1	1	1	1	-1	-1	-1	-1	-1	1
Markierung	1	1	1	1	-1	-1	-1	-1	-1	1
Fahrzeug	-1	1	1	1	-1	1	-1	1	1	-1

Tabelle 5.6: Definition der Cliquen-Potentialfunktion V_2^o

Der Beitrag der Beobachtung wird durch die Einträge der Matrix $\boldsymbol{B}$ kodiert, die sich auf der Grundlage des gewählten Beobachtungsmodells sowie der verwendeten Merkmale der Regionen und Objektklassen entsprechend Gleichung (5.13) berechnet. Da das Ziel

	OR	UR	LR	RR	Veg	Sch	Him	Str	Mar	Fah
OR	-1	1	1	1	1	1	1	1	1	1
UR	1	-1	1	1	1	1	1	-1	1	1
LR	1	1	-1	1	-1	-1	-1	-1	-1	-1
RR	1	1	1	-1	1	1	1	1	1	1
Vegetation	1	1	1	-1	-1	-1	-1	-1	-1	-1
Schatten	1	1	1	-1	-1	-1	1	-1	-1	-1
Himmel	1	1	1	-1	1	1	-1	1	1	-1
Straße	1	1	1	-1	-1	-1	1	-1	-1	-1
Markierung	1	1	1	-1	-1	-1	1	-1	-1	-1
Fahrzeug	1	1	1	-1	-1	-1	-1	-1	-1	-1

Tabelle 5.7: Definition der Cliquen-Potentialfunktion V_2^T

dieses Kapitels die Untersuchung des Kontextwissens und seines Einflusses auf die Objekterkennung ist, wurde eine einfache Merkmalkonfiguration zur Beschreibung von Regionen und Objektklassen gewählt. Dies resultiert in einer relativ hohen Fehlerquote bei der Zuordnung von Regionen zu Objektklassen allein auf der Grundlage der Beobachtung und ermöglicht damit die Untersuchung von Verbesserungen, die unter Verwendung von Kontextwissen erzielt werden.

Als Merkmale wurden die Farbwerte in einer Darstellung im L*u*v*-Farbraum gewählt (s. Abschnitt 3.3). Damit gilt für den Merkmalvektor $\boldsymbol{d}_{R_i}$ der Region R_i bzw. den Merkmalvektor $\boldsymbol{D}_{O_j}$ der Objektklasse O_j

$$\begin{aligned} d_1(R_i) &= \mathrm{L}^*(R_i) & & & D_1(O_j) &= \mathrm{L}^*(O_j) & \\ d_2(R_i) &= \mathrm{u}^*(R_i) & \forall i \quad & \text{bzw.} & D_2(O_j) &= \mathrm{u}^*(O_j) & \forall j \\ d_3(R_i) &= \mathrm{v}^*(R_i) & & & D_3(O_j) &= \mathrm{v}^*(O_j). & \end{aligned}$$

Die Merkmalvektoren der Bildregionen werden komponentenweise als Median der Farbwerte $(\mathrm{L}^*(x,y), \mathrm{u}^*(x,y), \mathrm{v}^*(x,y))$ mit $(x,y) \in R_i$ berechnet. Zur Bestimmung der Merkmalvektoren der Objektklassen wurde mit dem *neural gas* Verfahren (s. Kapitel 4) anhand einer kleinen Anzahl an segmentierten Bildern als Trainingsdaten ein Satz von Referenzvektoren bestimmt. Diese stellen Repräsentanten der Objektklassen dar und werden als Merkmalvektoren verwendet. Aufgrund der Varianz in der Merkmalverteilung einzelner Objektklassen ist es möglich, daß einige Objektklassen durch mehrere Repräsentanten beschrieben werden.

Ergebnisse

Der vorgestellte Ansatz zur Objekterkennung wurde an verschiedenen Bildsequenzen getestet. Die Tragfähigkeit wird anhand von sieben Beispielbildern in Abbildung 5.11 gezeigt. Dargestellt sind jeweils das Originalbild, das Segmentierungsergebnis sowie die

Zuordnungen, die ohne und mit Verwendung des Kontextwissens getroffen werden. Die Farbkodierung in den Ergebnisbildern wird im oberen Bildbereich dargestellt. Unterschiedliche Farbabstufungen in den einzelnen Farben markieren dabei eine Zuordnung zu unterschiedlichen Merkmalvektoren derselben Objektklasse.

Anders als bei den synthetischen Bildern ist bei realen Bilddaten die „ideale" Zuordnung von Regionen zu Objektklassen nicht bekannt. Aus diesem Grund können die Zuordnungsergebnisse nicht anhand der Werte der korrekten Zuordnungen miteinander verglichen werden. Die Diskussion der Ergebnisse basiert hier auf dem visuellen Vergleich der Bilder durch den Betrachter.

In allen Beispielbildern ist zu erkennen, daß durch Hinzunahme von Kontextwissen die Zuordnung von Regionen zu Objektklassen deutlich verbessert wird. Fehlzuordnungen, die aufgrund ähnlicher Merkmalkonfigurationen der Objektklassen auftreten, werden zu einem großen Teil beseitigt. Alle Fahrzeuge, die die im Segmentierungsschritt geforderte Mindestgröße überschreiten, werden erkannt. Die Aufteilung der Bilder in Straßenbereich, Vegetation und Himmel erfolgt weitgehend korrekt. Insbesondere die letzten drei Bilder zeigen, daß das Verfahren in der Lage ist, auch schwerwiegende Fehler in der initialen Zuordnung zu korrigieren. So wird beispielsweise das Fahrzeug in Bild 6 initial der Fahrbahnmarkierung zugeordnet, kann jedoch durch Kontext richtig als Fahrzeug identifiziert werden.

Fehlzuordnungen, die auf Basis der Beobachtung getroffen wurden und die im Einklang mit dem Kontextwissen stehen, werden nicht erkannt. Ein Beispiel hierfür ist der Seitenstreifen in Bild 1, der zur Vegetation gezählt wird, oder der LKW im Gegenverkehr (ebenfalls in Bild 1), der dem Himmel zugeordnet wird.

Die Robustheit des Verfahrens bei der Präsentation unbekannter Objekte ist in Bild 3 dokumentiert. Dort werden Teile der Verkehrsleitanlage segmentiert und aufgrund ihres Farbwertes initial den Objektklassen „Fahrzeug" bzw. „Vegetation" zugeordnet. Durch Verwendung von Kontextwissen erfolgt eine Interpretation der Bereiche entsprechend den sie umgebenden Regionen als „Himmel". Obwohl auch diese Zuordnung eine Fehlzuordnung darstellt, liefert sie die unter den gegebenen Randbedingungen gewünschte Lösung: Unbekannte, d. h. nicht in der Menge der Objektklassen $\mathcal{O}$ enthaltene, Objekte werden in dem durch den Kontext gegebenen Zusammenhang interpretiert und beeinflussen die Robustheit des Zuordnungsprozesses nicht.

5.4.3 Diskussion

Nachdem anhand der synthetischen Bilddaten die prinzipielle Tragfähigkeit des entwickelten Klassifikationsansatzes gezeigt werden konnte, wurde der Einsatz des Verfahrens in praktischen Anwendungen anhand mehrerer realer Straßenverkehrsszenen untersucht. Die Ergebnisse wurden anhand von sieben Beispielbildern demonstriert und zeigen die Leistungsfähigkeit des Ansatzes. Durch Anpassung des als Cliquen-Potentialfunktionen formulierten Kontextwissens auf den Fall nicht idealer Segmentierungen wird ein robustes

Abbildung 5.11: Ergebnisse des Zuordnungsprozeßes auf Basis des Kontextwissens. Bildspalte (a) zeigt die Originalbilder, Bildspalte (b) die Segmentierungsergebnisse, Bildspalte (c) die Zuordnungen ohne Nutzung von Kontextwissen, Bildspalte (d) die Zuordnungen unter Verwendung von Kontextwissen.

Verhalten auch bei übersegmentierten Bildern erzielt. Obwohl die Mächtigkeit des Kontextwissens gegenüber den ideal segmentierten, synthetischen Bildern abnimmt, ist das Verfahren in der Lage, die Zuordnungsergebnisse durch Verwendung des Kontextwissens deutlich zu steigern. Als weitere wichtige Eigenschaft des Verfahrens konnte die Robustheit gegenüber unbekannten Objekten demonstriert werden.

In der vorliegenden Arbeit wurde bewußt auf den Einsatz elaborierter Verfahren zur Merkmalbestimmung verzichtet, da der Schwerpunkt auf der Untersuchung der Verwendung von Kontextwissen und den dadurch erzielbaren Verbesserungen liegt. Die Struktur des verwendeten Ansatzes erlaubt jedoch eine flexible Einkopplung von Informationen, die durch verschiedene Bildverarbeitungsoperationen und -verfahren gewonnen werden und einen Beitrag für die Zuordnung von Regionen zu Objektklassen liefern. So existieren viele Verfahren, die auf die Erkennung einzelner Objektklassen, wie Schatten, Fahrzeuge oder Fahrbahnmarkierungen spezialisiert sind. Diese Information kann durch Modulierung der Matrix B in das hier vorgestellte Verfahren eingefügt werden.

5.5 Zusammenfassung

In diesem Kapitel wird ein Ansatz zur robusten kontextbasierten Klassifikation von Farbflächen vorgestellt. Die Farbflächen werden entsprechend dem in Kapitel 4 entwickelten Segmentierungsverfahren erzeugt.

Der vorgestellte Ansatz basiert auf der Formulierung der Klassifikationsaufgabe als Optimierungsproblem. Das Optimierungsfunktional wird auf der Grundlage des Bayes-Kriteriums hergeleitet. Es setzt sich aus zwei Anteilen zusammen, die jeweils die Einflüsse von beobachteten Merkmalen und a priori vorhandenem Kontextwissen erfassen. Es werden systematische Ansätze zur Formulierung der Beiträge von Beobachtung und Kontextwissen entwickelt. Während der Beitrag der Beobachtung in Form eines gaußschen Beobachtungsmodells beschrieben wird, bildet die Theorie Markovscher Zufallsfelder die Grundlage für die Formulierung des Beitrags des Kontextwissens. Durch die Einführung gerichteter Nachbarschaften einerseits sowie virtueller Regionen und Objektklassen andererseits werden neue Einflußparameter zur Verfügung gestellt und zur Festlegung zusätzlicher einschränkender Randbedingungen bei der Formulierung des Kontextwissens genutzt.

Die Lösung des Optimierungsfunktionals wird durch Einsatz eines evolutionären Algorithmus berechnet. Durch die aufgabenangepaßte Formulierung der notwendigen Operatoren stellt dieser eine sehr effiziente Suchstrategie dar.

Die Leistungsfähigkeit des Ansatzes wird anhand von synthetischen und realen Bilddaten aus dem Bereich des Straßenverkehrs erfolgreich demonstriert.

Kapitel 6

Zusammenfassung und Ausblick

Eine wesentliche Aufgabe der technischen Bildanalyse ist die Entwicklung von Systemen, die eine Erkennung der in einer Szene enthaltenen Objekte ermöglichen und so die Grundlage für eine Bildinterpretation im Sinne einer Szenenanalyse liefern. In der vorliegenden Arbeit wird ein Ansatz vorgestellt, der zur Lösung der Objekterkennungsaufgabe die Aspekte Farbe und Kontext einsetzt. Er besteht aus zwei Komponenten: In einer initialen Segmentierung wird der Aspekt Farbe genutzt, um eine Gliederung des Bildes in visuell homogene Regionen zu leisten. Ein Klassifikationsprozeß ordnet anschließend den generierten Regionen auf Basis von Farbinformation und Kontextwissen eine Bedeutungsklasse zu.

Die Leistungsfähigkeit des Objekterkennungssystems hängt entscheidend von der Güte der initialen Segmentierung ab. Die initiale Segmentierung wird über eine Cluster-Analyse der Farbsignale realisiert. Das Ziel dabei ist die Herstellung von Korrespondenzen zwischen extrahierten Farbclustern und Objekten bzw. Objektteilen. Ein zentraler Bestandteil des entwickelten Verfahrens sind selbstorganisierende neuronale Netze in Form des *neural gas* und *growing neural gas* Verfahrens, die in dieser Arbeit erstmals zum Zweck der Bildsegmentierung eingesetzt werden. Sie zeichnen sich gegenüber anderen Verfahren durch ein gutes Konvergenzverhalten bei gleichzeitig geringem Rekonstruktionsfehler bzw. eine gute Adaptationsfähigkeit gegenüber Änderungen der Signalverteilung aus und tragen somit dem hohen Anspruch an Güte und Effizienz der Segmentierung Rechnung. Bei der Auswertung der Farbinformation wird die hohe Dimensionalität des Datenraums ausgenutzt, um die Separierbarkeit der Daten zu verbessern. Durch die Wahl einer geeigneten Farbrepräsentation und -metrik wird die Ausbildung von Clustern begünstigt und eine Anpassung an das Segmentierungsziel erreicht. Aus der Reihe praxisrelevanter technischer Farbbeschreibungen erweist sich der CIE-$L^*u^*v^*$-Farbraum in Verbindung mit einem euklidischen Abstandsmaß als besonders geeignet zur initialen Segmentierung. Aufbauend auf diesen Ergebnissen wird in dieser Arbeit die Segmentierungsgüte wesentlich erhöht, indem eine Erweiterung des rein farbbasierten Ansatzes um ortsbasierte Komponenten vorgenommen wird. Im Einzelnen werden eine Erweiterung des Merkmalraums um Ortskoordinaten, die Verwendung eines ortsabhängigen Abstandsmaßes und eine Modifikation der zugrundeliegenden Stichprobenverteilung untersucht. Von den drei hier entwickelten Verfahrenserweiterungen erweist sich diejenige, die auf einer ortsabhängigen Modifikation der Stichprobenverteilung basiert, aufgrund einer erhöhten Güte der nachfolgenden Klassifikation als am besten geeignet.

Eine robuste Klassifikation von Objekten verschiedener Bedeutungsklassen erfordert aufgrund der Variabilität der Erscheinungsform von Objekten in Bildern natürlicher Umwelten die Fusion mehrerer Informationsquellen. Im Unterschied zu modellbasierten Verfahren, die dazu eine Fusion unterschiedlicher Merkmale durchführen, wird in der vorliegenden Arbeit das Potential der Integration von Kontextwissen in den Objekterkennungsprozeß untersucht. Der hier vorgestellte Ansatz basiert auf der Formulierung der Klassifikationsaufgabe als Optimierungsproblem. Dazu wird eine Energiefunktion abgeleitet, welche die Lösung der Klassifikationsaufgabe als Argument minimaler Energie kodiert. In der Energiefunktion werden unter Nutzung des Bayes-Kriteriums die Einflüsse von beobachteten Merkmalen und a priori vorhandenem Kontextwissen erfaßt. In Anlehnung an aus der Literatur bekannte Verfahren wird auf der Grundlage Markovscher Zufallsfelder ein systematischer Ansatz zur Formulierung von Kontextwissen entwickelt. Darauf aufbauend werden in dieser Arbeit durch die Einführung gerichteter Nachbarschaften einerseits sowie virtueller Regionen und Objektklassen andererseits neue Einflußparameter zur Verfügung gestellt und zur Festlegung zusätzlicher einschränkender Randbedingungen bei der Formulierung des Kontextwissens genutzt. Dies resultiert in einer deutlichen Verbesserung der Klassifikationsgüte und -robustheit und stellt daher eine wesentliche Erweiterung des ursprünglichen Ansatzes dar. Zur Minimierung der Energiefunktion wird ein evolutionärer Algorithmus eingesetzt, der durch die aufgabenangepaßte Definition der notwendigen Operatoren eine effiziente Suchstrategie darstellt.

Die Leistungsfähigkeit des Gesamtsystems, bestehend aus der initialen Bildsegmentierung im Farbraum und der darauf aufbauenden kontextbasierten Objektklassifikation, wird anhand von Beispielbildern aus dem Bereich des Straßenverkehrs demonstriert.

Um die Güte der Objekterkennung weiter zu erhöhen, bieten sich folgende Möglichkeiten für Weiterentwicklungen an: Zum einen kann eine Erweiterung der zugrundeliegenden Merkmalbasis die Ergebnisse der initialen Segmentierung verbessern. Attraktiv erscheint in diesem Zusammenhang die Kombination verschiedener flächenbasierter Merkmale zur Objektbeschreibung, wie beispielsweise der Farbe und der Farbtextur. Zur Auswahl geeigneter Merkmale sind Lernverfahren von großem Interesse, die selbständig eine aufgabenoptimale Merkmalkombination erzeugen. Auch der Klassifikationsprozeß kann durch Einkopplung von Informationen, die durch alternative Bildverarbeitungverfahren gewonnen werden, die Güte der Objekterkennung erhöhen. So existieren z. B. viele Verfahren, die auf die Erkennung einzelner Objektklassen, wie Schatten, Fahrzeuge oder Fahrbahnmarkierungen spezialisiert sind. Die Struktur des in dieser Arbeit entwickelten Verfahrens erlaubt die einfache Integration dieser zusätzlichen Information für nachfolgende Untersuchungen.

Literaturverzeichnis

[1] *CIE Proceedings 1931*, Cambridge, 1932. Cambridge University Press.

[2] *CIE, Colorimetry (Official Recommendations of the International Commission on Illumination)*, Nummer 15 (E-1.3.1), Bureau Central de la CIE, Paris, 1971.

[3] *Munsell Book of Color*. Munsell Color Company, 1976.

[4] N. Ayache und O.D. Faugeras. HYPER: A New Approach for the Recognition and Positioning of Two-Dimensional Objects. *IEEE Transactions on Pattern Analysis and Machine Intelligence*, 8(1):44–54, 1986.

[5] T. Bäck. *Evolutionary Algorithms in Theory and Practice*. Oxford University Press, Inc., 1996.

[6] J. Besag. Spatial interaction and the statistical analysis of lattice systems. *J. Roy. Stat. Soc., Series B*, 36:192–226, 1974.

[7] J.R. Beveridge, J. Griffith, R. Kohler, A.R. Hanson und E.M. Riseman. Segmenting images using localized histograms and region merging. *International Journal of Computer Vision*, 2:311–347, 1989.

[8] B. Bhanu und O.D. Faugeras. Shape Matching of Two-Dimensional Objects. *IEEE Transactions on Pattern Analysis and Machine Intelligence*, 6(2):137–155, 1984.

[9] T. Binford. Survey of model-based image analysis systems. *Int. J. Robotics Res.*, 1(1):587–633, 1982.

[10] H. Bischof, A. Leonardis und A. Selb. MDL Principle for Robust Vector Quantisation. *Pattern Analysis & Applications*, 2:59–72, 1999.

[11] C.M. Bishop. *Neural Networks for Pattern Recognition*. Oxford University Press, 1995.

[12] R.C. Bolles und R.A. Cain. Recognizing and Locating Partially Visible Objects: The Local-Feature Focus Method. *International Journal of Robotics Research*, 1:57–82, 1982.

[13] P.K. Brown und G. Wald. Visual pigments in single rods and cones of the human retina. *Science*, 144:45–52, 1964.

[14] N.W. Campbell, W.P.J. Mackeown, B.T. Thomas und T. Troscianko. Interpreting Image Databases by Region Classification. *Pattern Recognition (Special Edition on Image Databases)*, 30(4):555–563, April 1997.

[15] N.W. Campbell, B.T. Thomas und T. Troscianko. Automatic Segmentation and Classification of Outdoor Images using Neural Networks. *International Journal of Neural Systems*, 8(1):137–144, Februar 1997.

[16] M. Celenk. A color clustering technique for image segmentation. *Computer Vision, Graphics and Image Processing*, 52:145–170, 1990.

[17] D. Comaniciu und P. Meer. Robust Analysis of Feature Spaces: Color Image Segmentation. In *Proceedings of IEEE Conference on Computer Vision and Pattern Recognition*, Seite 750–755, San Juan, Puerto Rico, Juni 1997.

[18] D. Comaniciu und P. Meer. Distribution free decomposition of multivariate data. *Pattern Analysis & Applications*, 2:22–30, 1999.

[19] D. Crevier und R. Lepage. Knowledge–Based Image Understanding Systems: A Survey. *Computer Vision and Image Understanding*, 67(2):161–185, August 1997.

[20] H.J.A. Dartnall, J.K. Bowmaker und J.D. Mollon. Human visual pigments: Microspectrophotometric results from the eyes of seven persons. In *Proceedings of the Royal Society of London, 220B*, Seite 115–130, 1983.

[21] R.L. De Valois und K.K. De Valois. A multi-stage color model. *Vision Research*, 3:1053–1065, 1993.

[22] J.E. Dowling und B.B. Boycott. Organization of the primate retina. In *Proceedings of the Royal Society of London, 166B*, Seite 80–111, 1966.

[23] J.C. Dunn. *Fuzzy Models For Pattern Recognition*, Kapitel 2 Cluster Analysis, A Fuzzy Relative of the ISODATA Process and its Use in Detecting Compact Well-Separated Clusters. IEEE Press, Inc., 1992.

[24] D.B. Fogel. *Evolutionary Computation: Towards a New Philosophy of Machine Intelligence*. IEEE Press, 1995.

[25] J.D. Foley, A. van Dam, S.K. Feiner und J.F. Hughes. *Computer Graphics: Principles and Practice*. Addison-Wesley Publishing Company, Inc., 1990.

[26] N.S. Friedland und A. Rosenfeld. Compact Object Recognition Using Energy-Function-Based Optimization. *IEEE Transactions on Pattern Analysis and Machine Intelligence*, 14(7):770–777, 1992.

[27] B. Fritzke. *Wachsende Zellstrukturen – ein selbstorganisierendes neuronales Netzwerk*. Dissertation, Universität Erlangen-Nürnberg, 1992.

[28] B. Fritzke. Vector Quantization with a Growing and Splitting Elastic Net. In *Proceedings of the ICANN*, Amsterdam, 1993.

[29] B. Fritzke. Fast learning with incremental rbf networks. *Neural Processing Letters*, 1(1):1441–1460, 1994.

[30] B. Fritzke. A Growing Neural Gas Network Learns Topologies. In G. Tesauro, D.S. Touretzky und T.K. Leen (Hrsg.), *Advances in Neural Information Processing Systems*, Band 7, MIT Press, Cambridge MA, 1995.

[31] B. Fritzke. A self-organizing network that can follow non-stationary distributions. In *Proceedings of ICANN*, Seite 613–618. Springer, 1997.

[32] A. Gersho und R.M. Gray. *Vector quantization and signal compression*. Kluver Academic Publishers, 1992.

[33] E.B. Goldstein. *Wahrnehmungspsychologie*. Spektrum Akademischer Verlag, 1997. Kapitel 5: Objektwahrnehmung.

[34] E.B. Goldstein. *Wahrnehmungspsychologie*. Spektrum Akademischer Verlag, 1997. Kapitel 4: Farbwahrnehmung.

[35] E.B. Goldstein. *Wahrnehmungspsychologie*. Spektrum Akademischer Verlag, 1997. Kapitel 2: Das Sehen – Einführung: Rezeptoren und neuronale Verarbeitung.

[36] O.-J. Grüsser und U. Grüsser-Cornehls. *Physiologie des Menschen*, Kapitel 11 Allgemeine und spezielle Sinnesphysiologie: Gesichtssinn, Seite 249–290. Springer Verlag, 1987.

[37] L. Gu und D. Bone. Skin Color Region Detection in MPEG Video Sequences. In *Proceedings of the 10th International Conference on Image Analysis and Processing*, 1998.

[38] U. Handmann, G. Lorenz, T. Schnitger und W. v. Seelen. Fusion of Different Sensors and Algorithms for Segmentation. In *Proceedings of the IEEE Conference on Intelligent Vehicles*, Band 2, Seite 499–504, 1998.

[39] U. Handmann, G. Lorenz und W. v. Seelen. Fusion von Basisalgorithmen zur Segmentierung von Straßenverkehrsszenen. In *Proceedings of the 20. DAGM-Symposium Mustererkennung*, Seite 101–108, 1998.

[40] R.M. Haralick und L.G. Shapiro. *Computer and robot vision*, Band I. Addison-Wesley Publishing Company, Inc., 1982.

[41] B. Heisele und C. Wöhler. Motion-Based Recognition of Pedestrians. In *Proceedings of the ICPR*, 1998.

[42] H. von Helmholtz. Über die Theorie der zusammengesetzten Farben. Habil. Berlin, 1852.

[43] E. Hering. Zur Lehre vom Lichtsinn. Wien: Gerold, 1878.

[44] E. Hering. *Grundzüge der Lehre vom Lichtsinn*. Berlin, 1905. In Handbuch der gesamten Augenheilkunde (Bd. 3 Kap. 13).

[45] K. Holla. Opponent colors as a 2-dimensional feature within a model of the first stages of the human visual system. In *Proceedings of the 6th International Conference on Pattern Recognition*, Seite 561–563, 1982.

[46] D.H. Hubel. *Auge und Gehirn: Neurobiologie des Sehens*. Spektrum der Wissenschaften Verlagsgesellschaft, 1989.

[47] D.H. Hubel und T.N. Wiesel. Integrative action in the cat's lateral geniculate body. *Journal of Physiology*, 155:385–398, 1961.

[48] D.P. Huttenlocher und P.C. Wayner. Finding convex edge groupings in an image. *International Journal of Computer Vision*, 8(1):7–27, 1992.

[49] A.K. Jain. *Fundamentals of digital image processing*. Prentice-Hall, 1989.

[50] A.K. Jain und R.C. Dubes. *Algorithms for Clustering Data*. Prentice Hall Advanced Reference Series, 1988.

[51] D.B. Judd und G.Wyszecki. *Color in Business, Science and Industry*. Wiley series in pure and applied optics. John Wiley & Sons, 1975.

[52] T. Kalinke. Entropie als Maß des lokalen Informationsgehalts in Bildern zur Realisierung einer Aufmerksamkeitssteuerung. In *Mustererkennung 1996*, Seite 627–634, 1996.

[53] T. Kalinke. *Texturbasierte dynamische Erkennung veränderlicher Objekte*. Dissertation, Institut für Neuroinformatik, Ruhr-Universität Bochum, Germany, 1999.

[54] R. Kinderman und J.L. Snell. *Markov Random Fields and Their Applications*. Providence, RI: Amer. Math. Soc., 1980.

[55] S. Kirkpatrick, C.D. Gelatt und M.P. Vecchi. Optimization by simulated annealing. *Science*, 220:671–680, 1983.

[56] T. Kohonen. *Self-organization and associative memory*. Springer series in information sciences 8, Berlin, 1989.

[57] M. Kreutz, B. Sendhoff und C. Igel. EALib: A C++ class library for evolutionary algorithms. Institut für Neuroinformatik, Ruhr-Universität Bochum, Mai 2000.

[58] G. Lambert. *Echtzeit-Bildverarbeitung zur Qualitätssicherung bei texturierten Oberflächen unter besonderer Berücksichtigung strukturierter Texturen*. Shaker Verlag, Aachen, 1998.

[59] S.Z. Li. Toward 3D Vision from Range Images: An Optimization Framework and Parallel Networks. *CVGIP: Image Understanding*, 55(3):231–260, 1992.

[60] S.Z. Li. *Markov random field modeling in computer vision*. Springer-Verlag, 1995.

[61] Y. W. Lim und S. U. Lee. On the Color Image Segmentation Algorithm Based on the Thresholding and the Fuzzy C-Means Techniques. *Pattern Recognition*, 23(9), 1990.

[62] Y. Linde, A. Buzo und R.M. Gray. An algorithm for vector quantizer design. *IEEE Trans. Comm.*, 28:84–95, 1980.

[63] P.H. Lindsay und D.A. Norman. *Human information processing*. Academic Press, New York, 1977. 2.Auflage.

[64] G. Lorenz. Erzeugung eines adaptiven Objektformmodells unter Ausnutzung des Farbverteilungskontrastes. In *Proceedings 9. Aachener Kolloquium „Signaltheorie“ Bild- und Sprachsignale*, Seite 179–182, RWTH Aachen, 1997.

[65] D.G. Lowe. Three-Dimensional Object Recognition from Single Two-Dimensional Images. *Artificial Intelligence*, 31:355–395, 1987.

[66] M. Flickner et al. Query by image content and video content: The qbic system. *Computer*, 28(9):23–32, 1995.

[67] J. MacQueen. Some methods for classification and analysis of multivariate observations. In *Proceedings of the 5th Berkeley Symposium on Math. Stat. and Prob.*, Band 1, Seite 281–296, 1967.

[68] H.A. Mallot. *Sehen und die Verarbeitung visueller Information.* Vieweg, 1998.

[69] W.B. Marks, W.H. Dobelle und E.F. MacNichol. Visual pigments of single primate cones. *Science*, 143:1181–1183, 1964.

[70] M. De Marsicoi, L. Cinque und Levialdi. Indexing Pictorial Documents by their Content: A Survey of Current Techniques. *Image and Vision Computing*, 15:119–141, 1997.

[71] T. Martinetz. *Selbstorganisierende neuronale Netzwerkmodelle zur Bewegungssteuerung* Dissertationen zur Künstlichen Intelligenz, Bd. 14, Sankt Augustin, Germany, 1992.

[72] T. Martinetz und K. Schulten. Topology representing networks. *Neural Networks*, 7(3):507–522, 1994.

[73] T.M. Martinetz. Competitive Hebbian learning rule forms perfectly topology preserving maps. In *Proceedings of the ICANN*, Seite 427–434, Amsterdam, 1993. Springer.

[74] T.M. Martinetz, S.G. Berkovich und K.J. Schulten. Neural-Gas Network for Vector Quantization and its Application to Time-Series Prediction. *IEEE Transactions on Neural Networks*, 4(4):558–569, 1993.

[75] D.M. McKeown, W.A. Harvey und L.E. Wixson. Automating Knowledge Acquisition for Aerial Image Interpretation. *Computer Vision, Graphics and Image Processing*, 46:37–81, 1989.

[76] D.M. McKeown, A.h. Wilson und J. McDermott. Rule-Based Interpretation of Aerial Imagery. *IEEE Transactions on Pattern Analysis and Machine Intelligence*, 7:570–585, 1985.

[77] MicroDerm. Innovatives Konzept für die Dermatologie. URL: www.zn.ruhr-uni-bochum.de/deutsch/ff_microderm.htm. ZN GmbH, Universitätsstrasse 160, 44801 Bochum, Germany.

[78] J.W. Modestino und J. Zhang. A Markov Random Field Model-Based Approach to Image Interpretation. *IEEE Transactions on Pattern Analysis and Machine Intelligence*, 14(6):606–615, 1992.

[79] R. Mohan und R. Nevatia. Perceptual Organization for Scene Segmentation and Description. *IEEE Transactions on Pattern Analysis and Machine Intelligence*, 14(6):616–635, 1992.

[80] MoTiV-Büro. MoTiV – Mobilität und Transport im intermodalen Verkehr. URL: www.motiv.de, 2000. MOTIV-Büro, c/o Walter Scholl, Paradiesstr. 34, 73230 Kirchheim/Teck.

[81] M. Nagao und T. Matsuyama. A Structural Analysis of Complex Aerial Photographs. New York: Plenum, 1980.

[82] D. Noll. *Ein Optimierungsansatz zur Objekterkennung*. VDI Verlag, Düsseldorf, 1996.

[83] Prometheus Office. Proceedings of the workshop PROMETHEUS, 1990. Wolfsburg, Germany, PROMETHEUS OFFICE c/o Daimler Benz AG, Postfach 60 02 02, D - 7000 Stuttgart 60.

[84] R. Ohlander, K. Price und D.R. Reddy. Picture segmentation using a recursive region splitting method. *Computer Graphics and Image Processing*, 8:313–333, 1987.

[85] Y. Ohta. *Knowledge-Based Interpretation of Outdoor Natural Color Scenes*. Boston: Pitman, 1985.

[86] Y.I. Otha, T. Kanade und T. Sakai. Color information for region segmentation. *Computer Graphics and Image Processing*, 13:222–241, 1980.

[87] A. Papoulis. *Probability, Random Variables and Stochastic Processes*. McGraw-Hill, Inc., 1984.

[88] T. Pomierski. *Neurophysiologisch motivierte Architektur zur Erzeugung stabiler Farb- und Texturrepräsentationen*. Dissertation, Fakultät für Informatik und Automatisierung der Technischen Universität Ilmenau, 1996.

[89] T. Pomierski und H.M. Groß. Verfahren zur empfindungsgemäßen Farbumstimmung. In *Mustererkennung 1995*, Bielefeld, September 1995.

[90] A.R. Pope. Model-Based Object Recognition: A Survey of Recent Research. Technischer Bericht 94-04, University of British Columbia, Computer Science Department, Vancouver, 1994.

[91] C. Poynton. ColorFAQ. Internetadresse: ftp.inforamp.net/pub/users/ poynton/doc/Colour/ColorFAQ.pdf.

[92] V. Rehrmann. *Stabile, echtzeitfähige Farbbildauswertung*. Dissertation, Universität Landau, 1994.

[93] P. Remagnino, A. Baumberg, T. Grove, D. Hogg, T. Tan, A. Worrall und K. Baker. An Integrated Traffic and Pedestrian Model-based Vision System. *Proceedings of BMVC97*, 2:380–389, 1997. Colchester, 8-11th September, University of Essex, UK.

[94] W. Ritter, F. Stein und R. Janssen. Traffic Sign Recognition Using Colour Information. *Mathl. Comput. Modelling*, 22(4–7):149–161, 1995.

[95] A. Roberts und A. Ford. Colour Equations FAQ. Internetadresse: ftp.westminster.ac.uk, Verzeichnis /pub/itrg, 1995.

[96] K. Rose, E. Gurewitz und G.C. Fox. Vector quantization by deterministic annealing. *IEEE Transactions on Information Theory*, 38(4):1249–1257, 1992.

[97] G. Rudolph. Convergence analysis of canonical genetic algorithms. *IEEE Trans. Neural Networks*, 5(1):96–101, 1994.

[98] W. Skarbek und A. Koschan. Color Image Segmentation – A Survey –. Technischer Bericht 94-32, Technische Universität Berlin, Fachbereich 13, Informatik, Oktober 1994.

[99] A.R. Smith. Color gamut transform pairs. In *SIGGRAPH*, Seite 12–19, 1978.

[100] H.-D. von Stein und W. Reimers. Segmentation of color pictures with the aid of color information and spatial neighborhoods. In H.W. Schüssler (Hrsg.), *Signal processing II: theories and applications*, Seite 271–273. Elsevier Science Publ., 1983.

[101] P. Suetens, P. Fua und A. J. Hanson. Computational Strategies for Object Recognition. *ACM Computing Surveys*, 24(1):7–61, Maerz 1992.

[102] S. Tominaga. A color classification method for color images using a uniform color space. In *Proceedings of the 10th International Conference on Pattern Recognition*, Seite 803–807, 1990.

[103] D.-C. Tseng und C. H. Chang. Color Segmentation Using Perceptual Attributes. In *Proceedings of the International Conference on Pattern Recognition*, Seite 228–231, 1992.

[104] VESUV. Videogestütztes Asistenzsystem zur Erhöhung der Sicherheit ungeschützter Verkehrsteilnehmer. URL: www.tuev-ptmuv.com/sicher/vesuv.htm, 2000.

[105] L. Wiskott, J.-M. Fellous, N. Krüger und C. von der Malsburg. Face recognition by elastic bunch graph matching. In L. C. Jain, U. Halici, I. Hayashi und S. B. Lee (Hrsg.), *Intelligent Biometric Techniques in Fingerprint and Face Recognition*, Kapitel 11, Seite 355–396. CRC Press, 1999.

[106] M.E.J. Wood, N.W. Campbell und B.T. Thomas. Employing Region Features for Searching an Image Database. In *Proceedings of the 1997 British Machine Vision Conference*, Seite 620–629, September 1997.

[107] G. Wyszecki und W.S. Stiles. *Color Science: Concepts and Methods, Quantitative Data and Formulae*. John Wiley & Sons, 1982.

[108] A.L. Yuille, P.W. Hallinan und D.S. Cohen. Feature Extraction from Faces Using Deformable Templates. *International Journal of Computer Vision*, 8(2):99–111, 1992.

[109] S. Zeki. Colour coding in the cerebral cortex: The reaction of cells in monkey visual cortex to wavelengths and colours. *Neuroscience*, 9:741–765, 1983.

[110] S. Zeki. Colour coding in the cerebral cortex: The responses of wavelength-selective and color coded cells in monkey visual cortex to changes in wavelength composition. *Neuroscience*, 9:767–781, 1983.

[111] S. Zeki. The construction of colours by the cerebral cortex. In *Proceedings of the Royal Institute of Great Britain, 56*, Seite 231–257, 1984.

[112] ZN-Face. Zutrittskontrolle mit automatischer Gesichtserkennung. URL: www.zn.ruhr-uni-bochum.de/deutsch/ff_znface.htm. ZN GmbH, Universitätsstrasse 160, 44801 Bochum, Germany.